# 社会企业家

〔美〕乔希·兰农　〔美〕莉萨·兰农　著

黄延峰　译

四川人民出版社

readers-club

北京读书人文化艺术有限公司
www.readers.com.cn
出　品

# 致中国读者的一封信

亲爱的中国读者：

你们好！

今年是《富爸爸穷爸爸》在美国出版20周年，其在中国上市也已经整整17年了。我非常高兴地从我的中国伙伴——北京读书人文化艺术有限公司（他们在这些年里收到了很多读者来信）那里了解到，你们中的很多人因为读了这本书而认识到财商的重要性，从而努力提高自己的财商，最终同我一样获得了财务自由。

我很骄傲我的书能够让你们获益。20年后的今天，世界又处在变革的十字路口。全球经济形势日益复杂，不断涌现的"黑天鹅事件"加剧了世界发展的不确定性，人们对未来充满迷茫，悲观主义情绪正在蔓延。

而对于你们，富爸爸广大的中国读者来说，除了受世界经济的影响，还要面对国内经济转型的阵痛，这个过程艰苦而漫长。当然，为了成就这种时代的美好，你必须坚持正确的选择，拥有前进的智慧和勇气。这就需要你努力学习。此次修订除了对原来内容的更新，还增加了许多全新的小版块。这些小版块贯穿全书，可以看作是穿越时光的透视镜，它们从今天回望

1997年这本书诞生的时候，用今天的形势来印证富爸爸当初的理念。

最后，我还是要说，任何人都能成功，只要你选择这么做！

罗伯特·清崎
2017年6月

## 出版人的话

转眼间，"富爸爸"问世已20年，与中国读者相伴也已17余年。在中国经济和社会蓬勃发展的17余年间，"富爸爸"系列丛书的出版影响了千千万万的中国读者，有超过1000万的读者认识了富爸爸、了解了财商。在"富爸爸"的忠实读者中，既有在餐厅打工的服务员，也有执教讲堂的大学教授；既有满怀创业梦想的年轻人，也有安享晚年的退休人士。"富爸爸"的读者群体之广、之大，是我们不曾预料到的。

作为一套在中国风靡大江南北、引领国人创业创富的财商智慧丛书，"富爸爸"系列伴随和见证了千万读者的创富经历和成长历程，他们通过学习财商，已然成为中国的"富爸爸"，这也是我们修订此书的动力。十几年来，"富爸爸"系列也在不断地增加新的"家族成员"，新书的内容也越来越贴合当下经济的快速发展以及国内风起云涌的经济大潮，我们也在十几年的财商教育过程中摸索出了一套适合国内大众群体的"MBW"财商理论体系，即从创富动机、创富行为习惯、创富路径三方面培养学员的财商，增强大家和财富打交道的积极意识，提高抗风险的能力。

曾有一位来自深圳的学员告诉我，他当年就是因为读了《富爸爸穷爸爸》一书，并通过系统的财商训练，才在事业上取得了巨大的成功。难能可贵的是，成功后的他并没有独享财富，而是将自己致富的秘诀——"富爸爸"财商理念分享给了更多想要创业、想要致富、想要成功的人。

在"富爸爸"的忠实读者群中,类似的成功故事还有很多很多。在"富爸爸"的影响下,每一位创富的读者都非常乐意向更多的朋友传授自己从财商训练中获得的成功经验。

值此"富爸爸"20周年之际,作者的最新修订版再次契合了时代的发展、读者的需要。在经济金融全球化的发展与危机中,作者总结过去、现在和未来财富的变化与趋势,并重温了富爸爸那些简洁有力的财商智慧,在中华民族伟大复兴的新时代,"富爸爸"系列丛书将结合财商教育培训,为读者带来提高财商的具体办法,以及在中国具体环境下的MBW创富实践理论。丛书的出版公司北京读书人文化艺术有限公司将和相关的财商教育培训机构一起,从图书、财商游戏、财商培训、财商俱乐部等多角度多方面,打造出一个立体的"富爸爸",不仅要从财商理念上引导中国读者,更要在实践中帮助中国读者真正实现财务自由。读者和创业者可以通过登录官方网站:www.readers.com.cn及www.fubaba.com,或关注读书人俱乐部微信,来了解更多有关"富爸爸"系列丛书和财商培训的信息。

正如富爸爸在书中所说,世界变了,金钱游戏的规则也变了。对于读者和创富者来说,也要应时而变,理解金钱的语言、学会金钱的游戏。只有这样,你才能玩转金钱游戏,实现财务自由。

读书人俱乐部

汤小明
2017年4月

# 献　词

我们把本书献给那些因为成瘾而失去生命或者失去亲人的人，并献给致力于改变自己以及别人生活的人。

我们将本书的部分收入捐给致力于让年轻人成为变革推动者的国际慈善机构——解放儿童基金会（Free The Children），其网站为www.freethechildren.com。

作为解放儿童基金会慈善合作伙伴的"从我到我们"（Me to We）是一家创新型的社会企业，它通过向全球青少年提供国际公民与领导力课程方面的学习以及专业的志愿者服务，帮助他们增强社会责任意识，提高综合素质与能力。

# 目 录

序 ········································································ I
前　言 ································································· I

**第一章　我们的故事** ········································· 1
　　乔希的故事 1 ············································· 1
　　莉萨的故事 ················································ 3
　　乔希的故事 2 ············································· 5
　　生死一线间 ················································ 9
　　重拾自我 ·················································· 16

**第二章　了解社会企业** ······································ 23
　　成功的基础 ··············································· 28
　　营利还是非营利？ ······································ 32

**第三章　蓬勃发展的社会企业家运动** ··················· 37
　　社会企业经营浪潮 ······································ 41
　　榜样的力量 ··············································· 49

## 第四章 师者，无处不在 ………………………… 52
  心甘情愿做学生 ………………………………… 54
  筹钱并找到感觉 ………………………………… 58
  创业需要团队协作 ……………………………… 72

## 第五章 找到自己的"理由" …………………… 75
  为什么你必须要有一个理由 …………………… 77
  如何找到你的"理由" ………………………… 88

## 第六章 你的战斗 ………………………………… 92
  我们的战斗 ……………………………………… 94
  改变你的用词 …………………………………… 101

## 第七章 社会企业家的全球资源 ……………… 107
  成功因素 ………………………………………… 111
  阿育王：大众利益的创新者 …………………… 114
  斯科尔基金会 …………………………………… 115
  绿色回声 ………………………………………… 116
  施瓦布社会企业化经营基金会 ………………… 117
  影响力投资 ……………………………………… 118
  谨防使命异化 …………………………………… 119
  资　源 …………………………………………… 120
  公益公司的崛起 ………………………………… 121

## 第八章 有社会责任感的公司 ………………… 127
  隔离墙 …………………………………………… 128

让社会责任成为你企业的组成部分 …………… 139
　　从何处开始你的企业 …………………………… 140

# 第九章　社会企业家的蓝图 ……………………… 143
　　成分之一：一个解决问题的可行性方案 ………… 146
　　成分之二：一个强有力的使命或"理由" ………… 147
　　成分之三：一个成功的团队 …………………… 149
　　成分之四：一种稳健的商业模式 ……………… 152
　　成分之五：个人发展 …………………………… 156

# 第十章　最后的思考 ………………………………… 161
　　不留遗憾 ………………………………………… 164

# 致　谢 ………………………………………………… 166

# 序

我为乔希和莉萨感到骄傲。

许多人认为我写书并开发教育游戏只是为了教人赚钱,或者说仅仅就是为了赚钱。他们只说对了一部分。

让我高兴的是,人们的财务状况稍微有点安全了,尤其是在颇具挑战性的经济时代更是难得,但我更欣赏那些正在做着乔希和莉萨所做之事的人。他们要做的就是成为社会企业家。

我认为每个人都有一项特殊的、独一无二的天赋可以发挥,而乔希和莉萨就在发挥他们的天赋。他们直面生活挑战,并与逆境抗争。他们从彼此身上以及在他们共同创造的公益企业中汲取力量。

通过做慈善,他们不仅获得了很好的财务回报,同时也获得了极大的精神慰藉。

他们发现社会中存在的某种需求,并且通过创办一家企业来满足这种需求。

他们采用明智的商业模式和投资原则来培育自己的企业。今天,他们已经取得了诸多成绩。通过房地产投资,他们不仅满足了社会需求,而且养活自己和家人,以及遍布世界各地的员工及其家属。在社区,他们以身作则;在家里,作为父母的他们也为自己幼小的孩子树立了榜样。

如果你认为你有某种特殊的天赋可以发挥,或者是想通过成为一位企业家而让这个世界变得更加美好,那么,本书就是为你而写的。你也可以成为一位社会企业家。

罗伯特·清崎

# 前　言

永远不要怀疑一小群有思想而且意志坚定的公民能够改变这个世界。诚然，这是唯一可能发生的事。

——玛格丽特·米德（Margaret Mead）

美国疾病预防与控制中心称每年死于过量饮酒的人数达到7.9万。就在2001年11月26日那天，我差点成为这支队伍中的一员。三天的疯饮狂欢之后，我在早晨回到家中。在酒精的作用下，我情绪低落，焦躁不安，怒火中烧，并且不敢正眼看我那大毒蛇ACR突击步枪枪管。当时，我满脑子想的是妻子莉萨和我过的日子是多么的痛苦，如果我开枪自杀，就可以结束这一切了。

我感觉自己愧对莉萨。她是拉斯维加斯的一位警官，多年来一直替我收拾烂摊子，她随时都可能会从12小时的值班当中抽身回家。就在那天，正是她阻止了我扣动扳机。但是，不无讽刺的是，正是这次让我忍受了好几个月折磨的妄想最终救了我一命。因为那天早晨，我看到了一幅幻象，而且有一个声音悄悄地跟我说了一些话。这些话从此永远改变了我的生活："不，现在不行。你还有很多事情要做。"

在接下来的一年里，我开始做那些事。当莉萨给我下了最后通牒，并让我在婚姻和酗酒之间选择其一时，我走进了成瘾康复中心，开始戒酒；脱离我的家族企业——酒吧，以此远离正在杀死我的生活方式，重拾生活的热情。我还当上了父亲，并着手进行第一家旅途康复中心（Journey Healing Centers）的筹建工作，这是莉萨和我建立的6家戒瘾和康复治疗中心之一。

当我们产生创办旅途康复中心这个想法时，心中只有两个目标：不管怎样，我必须戒酒；我们要共同建立一家可持续发展的企业。那一年发生了很多事情，我们历经挫折，最终使得莉萨和我分别从一个警官和一家夜总会的总经理转型为一家负有社会责任感的企业老板。经营这样一家企业既让我们获得了财务自由，又带给我们深深的满足感。所有这些故事汇集起来，变成了本书的内容。

"可持续发展企业"这个词尤为重要，它是隐含在本书文字背后的、与众不同的指导原则。退回到2002年初，我们还不知道自己正在谋划的事情会让我们置身于一个蓬勃发展的社会浪潮当中。也就是说，大量的私营公司开始关注改善世界，整个世界开始被贴上"社会企业""企业社会责任"和"社会企业家"的标签。

这绝对是一次浪潮。过去十年间社会企业迅猛发展，原因有以下几个：首先，为这种特殊种类的企业提供支持的资金和资源迅速增长（以前仅有银行为企业提供资金支持）；其次，美国公民对公司会特别关照员工福利的信仰已经消失；最后，社会企业家的工作结出了真正的果实——既造福了世界，又创造了真正的财富。

等拯救世界的渴望具体到非营利领域的时候，它就不再是可望不可及的目标了。2004年，《快公司》（Fast Company）设立了一项社会企业家奖，旨在向那些利用自己的商业智慧解决社会问题的人表达敬意。《2010大趋势》（Megatrends 2010）是大趋势系列图书的第三本。2010年，当"有社会责任感的企业家"一词成为该书的议题时，引起一片热议。2011年，据《公司》杂志（Inc.

*Magazine*）统计：美国 30 岁以下创业者每 30 人中就有 3 位顶级企业家从事社会企业。现在，美国有 7 个州正式承认了公益公司（Benefit Corporation）的法律地位，这是一种独具特色的新型企业，意在将社会企业与其他类型的企业和非营利企业区分开来。

由于全球经济继续停滞不前，世界各地大批工人被裁员，世界更加美好的幻想即将破灭，此时社会企业为他们创造就业机会，这就是"社会企业"成为一个新流行概念的原因。事实上，这个词并不新。在本书随后的章节中，你会发现，在它成为"社会企业家所付出的努力"的代名词之前，他们（社会企业家）一生都在热情地致力于这项艰辛的公益事业。

但是，在开办旅途康复中心时，我们开始做的事情有两件：一是通过治疗滥用精神性药物的病人来服务他人，二是将富爸爸的投资理财原则应用于我们的生活，从而积累个人财富。通常来说，社会企业家将重点放在"向穷人和弱势群体提供产品或服务"方面。根据治疗成瘾的经验，我们发现社会问题并不仅仅囿于穷人或弱势群体，而是存在于社会各个阶层，存在于所有种族、族群和年龄段。我们募集资本，开办一家有意义的社会企业，创造新的就业岗位，让人们打下一个健康的身体基础，并在这一过程中向人们提供帮助。我们是社会企业家。

社会企业家有能力面对令其他人望而却步的问题。我们知道政府无力解决我们面临的所有问题，也不会给我们依靠政府和大型企业来追求幸福的权利。我们要自己掌控生活，自己提出解决方案；同时，开辟出一条财务自由之路，让我们和其他人走上一条通往财务自由的快车道。

因为你选择阅读本书，我们推测你怀着一颗社会企业家的心。如果你曾经想过要怀着这样的一颗心去开办企业，想知道为什么为他人服务会让你感到充实，或是想询问是否有某种方法可以将你的热情变成一家有利可图的企业，或是希望在你现有的企业中增加具有社会责任感的成分，或是想知道如何将你发现的一个方案用于解决某个业已存在的问题，那么，这本书就是为你写的。

在后面的章节中，我们会分享我们的故事，让你看看我们是如何从对理财一无所知的雇员迅速发展成精于理财的企业主和投资者的，同时还会分享我们的创业秘诀，以及其他社会企业家建立这种社会企业的秘密。

我们会向你提供一套成为社会企业家的行动计划，强调公益企业的新用途，并向你揭示一家受激情驱使的社会企业如何做到三兼顾，即赚取利润、实现社会价值和获得心灵自由。

随着阅读本书的深入，你会发现部分经历是从莉萨的角度或者是用第一人称讲述的（我或我们）。我们之所以采用这种方式来写，是为了方便读者阅读。然而，这是我们两个人的故事，因为我们共同前进，共同学习，共同建立和培育企业，共同经历好的、坏的、丑陋的和美好的时刻，并且共同致力于这一旅程。

## 社会企业的五个要点

如果你正在寻找一本讲述创立企业步骤的书，有很多书要比我们这本书的素材更好，读起来更有趣，而且肯定也更有启发意义。从撰写商业计划书、增强你的销售力到激励团队、了解税收、组建公司，再到增加利润，任何一本富爸爸系列丛书都能为你提供富有价值的信息。

你会发现富爸爸系列丛书中的原则适用于任何企业。在此，我们只关注社会企业，转而用一种更有意义的方式为世界做贡献，同时从某种意义上满足自我实现和丰富人生的愿望。

我们将社会企业这一理念分解成以下五个要点：

**1. 理解社会企业的宗旨。** 许多企业家尤其是社会企业家总是从"贫穷"的角度看问题。这让我们认为，替上帝或人类工作就意味着安于清贫。但是，如果你看看拥有下面这些品牌的社会企业家，比如汤姆斯布鞋（TOMS Shoes）、安妮兔子（Annie's Homegrown Inc.）或奥德瓦拉（Odwalla），甚至是星巴克（Starbucks），显然，社会企业家不必是穷人。稍后我们会为你阐明原因。

**2. 如果学生有心求知，老师自然就会出现。** 上帝、宇宙、佛、主、命运……不管你如何称呼它们，只要我们准备倾听，它们就会随时准备教导我们。多年来，我与酒瘾不断抗争，这让我意识不到老师们还有重要的课程要与我分享。当我终于摆脱愤怒、恐惧和酒瘾，当莉萨和我一起觉悟时，这些老师就以一种神奇的方式出现在我们面前。我们将向你展示这世间是如何地无巧不成书。你的经历是你最大的资产之一。当你期望有导师指点的时候，他们自然会走进你的生活。毕竟，你已经阅读了本书。有些事情正在呼唤你要为一个更高的目标尽职尽责，迎接生命中更大的挑战。

**3. 弄清楚你做企业的原因。** 除非你对公益企业满怀热情，否则，你根本不会建立一家颇具社会责任感的企业。如果你的企业将要发挥作用，它一定是围绕着你内心渴望要做的事情而建。对我们来说，这意味着要戒除酒瘾。与这个魔鬼的抗争消耗了我们太多的精力，但它却是推动我们前进的动力。创业的日子时好时坏，更多的是糟糕的日子。是什么让你遭受时好时坏的折磨？你建立一家企业的理由是什么？是什么让你每天坚持，一心想着工作，并贡献出你的全部？有很多企业家拥有成功且赢利的企业，但这却不能让他们感到满足。从精神或情感上来说，他们的内心已经死亡了，他们之所以无法得到满足，是因为他们并没有真正地将热情投入到自己的企业和成果之中。我们会向你展示如何找到属于自己的那个"理由"，你如何将这个"理由"转变成一家新的企业，或者将这个"理由"转化成一个能实现个人抱负的社会构成要素，并将它嵌入到你的工作或业已存在的企业当中。

4. **战斗**。莉萨和我似乎注定要与酗酒打交道。我们俩都是为与毒瘾、酒瘾作斗争而生的。对我们来说，开办一家社会企业，不让我们自己挨饿，实现这个目标就行了，但这并不是每天让我们爬起床准备战斗的原因。你每天为什么战斗？你必须承担的社会责任是什么？我们会向你阐明我们如何认识自己的战斗目标，你如何知道自己的战斗目标是什么。

5. **全球社会企业家运动**。随着社会企业家运动持续受到世人的关注，社会企业家继续视财务问题为影响自身发展主要的障碍。银行、天使投资人或风险资本家可能不会马上看到你所创办的这家社会企业产生回报，这使得通过传统办法寻求融资变得十分困难。我们会向你讲述为什么向社会企业提供资金是与众不同的，何处的资源可以支持你达成目标，独特的"社会企业"这一实体如何保护社会企业家，以及如何利用你筹集到的资金。

感谢你选择阅读本书，并且感谢你愿意考虑过一种为我们生活的这个世界提供服务、做出贡献的生活。敢于梦想过一种不同于当前的生活，你会面对重重阻力，它有可能迫使你对自己已有的信仰产生怀疑。

我们与你分享我们的故事，意在表明：通过我们付出的全部努力和战胜的所有挑战，以及吸取的教训，我们每天都会得到奖励，这不仅仅表现为财务上的回报，还有精神和情感上的回报。无数人深受精神性药物滥用的影响，而我们则致力于改善他们的生活，这就是创办社会企业带给我们的令人难以置信的奖励。财务上的自由和心灵上的富足会让我们继续走下去，让我们在余生继续为此目标而奋斗。

因此，如果你准备热情地投入到公益企业之中，那就让我们开始行动吧！

# 第一章
# 我们的故事

尼欧，迟早你会和我一样意识到，知道路在何方和选择走这条路是两回事（知行有别）。

——莫菲斯（Morpheus），《黑客帝国》(*The Matrix*)，1999年

**乔希的故事1**

1999年，莉萨和我看了《黑客帝国》这部电影，它讲的是计算机程序员尼欧（Neo）的故事，他了解到自己所生活的世界只不过是计算机创造出来用于征服人类的假象。整部电影中尼欧都在其他人的帮助下试图摆脱一个欺骗性的网站（矩阵）对他的束缚，以期回到真正的现实世界中自由地生活。

科幻小说的确不是我们所要关心的事情。但出于某种原因，这部电影一直萦绕在我们心中。这与精心设计的打斗场面和尖端技术制作出来的影视特效没有关系，而是莉萨和我都产生了一种感觉，那就是我们的生活似乎被提前设定了，或者说有人预先为我们的人生编好了程序，我们常常会被顺从命运的压力搞得十分沮丧。从某

种意义上说，我们陷入了自己的"矩阵"中，无法摆脱，从而产生了冲破牢笼的迫切愿望。

我曾经是那种在课堂上无论老师说什么我都会质疑的小孩，甚至到了让人受不了的程度。说实在的，我甚至怀疑父母所说的一切。我从来都不会别人让我做什么我就做什么，也不接受他人为我划定的界限。我快把老师逼得发疯了。他们最终会看着我说："请保持安静，做你的作业，好不好？"

对我来说，在学校里坐几个小时简直是一种折磨，就连分数也搞得我精疲力竭，即使不是不及格，那通常也是很低的。我感觉自己站在外面，脸紧贴着窗户，无论我多么费劲地敲打或大喊，都没有人注意我。因此，我从来没能加入到他们的对话中。

在南加州就读过的几所学校里，我在教师中留下一个坏名声。"捣蛋""无法专心学习"和"有学习障碍"，他们就是用这样的话描述我的。父母听到这些话后，带我去看专业医生，并让我服药，说这样能帮助我安静和"专注"。

从小我就认为自己不是读书的料，我不仅接受了这一看法，甚至还以此为荣。我逃过很多次学，被 A 等生称为"懒鬼"和"经常吸食大麻的人"。最终我直接退学了。先在中小学混上 12 年，之后再念 4 年大学，然后找一份"好工作"，这就是大人们认为的成功之路。可惜，我觉得我不可能通过这条路走向成功。

我父亲是一家夜总会的老板，因此，我得以接触另一个世界，一个我经常偷听大人谈论的世界，而我的同学从来没有见过。11 岁时，我第一次喝酒，这让我感觉自己很适合这玩意儿。在这个世界里，大多是和我一样的人——痛苦的人、被不公平地归类的人，以及不合潮流的人。在这个世界里，我们找到一种消除痛苦和减压的方法——酗酒。虽然这个世界让我感到舒服和熟悉，但也有些令我心惊胆战。既然这个世界很适合父亲，我理所当然地认为它对我也是如此。

截至目前，我父亲已经在加州、夏威夷和拉斯维加斯开了14家夜总会。在我19岁时，他雇用我在拉斯维加斯的"迪伦的舞厅和酒吧"当酒吧后勤，我的活就是为酒吧储存酒、冰和日用品。这是一个粗活，但我吸收了我所能吸收的每一条信息。我努力工作，成为那个岗位的行家里手。让酒吧备满存货，而且一次搬运3箱啤酒，在拥挤的夜总会里曲折前行，这让我感到很自豪。我知道，如果我好好干，我就能一直干到酒吧的掌柜，赚好多钱，吸引年龄大一些的女孩来这里饮酒。混迹于这种成人的下层社会，我反而觉得自己会很成功。

### 莉萨的故事

虽然乔希在他还是小孩子时从来没有做过别人让他做的事情，但我多半是照做了。我妈妈来自越南，嫁给我爸爸时，他还是越战时期的一个美国大兵。爸爸服役期满之后，妈妈离开了她的祖国、文化、家人和朋友，跟爸爸去美国开始了新的生活。爸爸成为南达科他州的一位副治安官，这就使得哥哥和我能过上很不错的日子。在妈妈看来，美国梦就是接受良好教育和工作安稳的同义词，这种生活意味着多而稳定的薪水和丰厚的退休金。

妈妈生长的国家无法提供我们在美国获得的那些机会。因此，她督促我要过上她从来没有过上的生活。我所做的也的确没有辜负她的期望，我在学校里的成绩很好，并在大学期间选读了新闻研究专业，因为我一直想知道外面的世界到底是怎么回事。

小时候我经常跟妈妈一起外出办事。我常常对建筑物感到好奇，镇上的某座大楼总能引起我的注意。我指着一座有着漂亮外观的办公大楼问妈妈:"那是谁的大楼?"

"我不知道,富人的吧。"妈妈回答说。

这又引起我更多的思考:谁是富人?他们是如何得到那座大楼的?我们如何富起来,也能有那样一座大楼呢?

虽然我那时不知道怎么做,但直觉告诉我,我会走遍世界,总有一天也会成为有钱人。因此,我开始质疑妈妈关于成功的信念,因为以我小时候的经验来看,我家并没有大多数富人所拥有的东西。尽管我获得了相当好的养育,有很多朋友,也很快乐,但我知道外面的世界更大。我已经开始明白:成功难以企及。我看到父母辛苦工作,得到的酬劳却很少,我们无法安排需要很多额外开支的事情。一家人的日子过得很紧,似乎永远不能摆脱月光族的命运。按照父母的想法,上大学是跳出这一循环的最好方法,至少在我发现其他方法之前是这样的。因此,上大学成为我必须要选择的道路。

在我读了两年大学之后,口袋里怀揣着300美元离开了南达科他州我家乡的那个小镇,决定尝试寻找属于自己的自由。我希望看到一些新奇而又令人兴奋的东西,对我最好的朋友和我而言,那就意味着去拉斯维加斯。没有工作,也没有任何计划,我进入了内华达州立大学拉斯维加斯分校(UNLV),用存款租了一间公寓,交了第一个月的房租,从此搬进了这个大城市。几个月后,我在儿童博物馆找到了第一份工作。此时,我的钱已经花光了,只好借朋友的钱交房租,并开始担心这种状况到什么时候才是个头。

我是一个派对狂人。几乎每天晚上,我都会跟女性朋友外出喝酒。1993年12月的一个周五晚上,我走进了迪伦的舞厅和酒吧,就是乔希开始做酒吧后勤的地方,也是他作为一个小伙子被我迷住的地方(这是另外需要花时间讲的故事)。实际上,我们直到1995年才相遇,但是，我们很快便深深地坠入爱河。5年之后，我们结婚了。

**乔希的故事2**

拉斯维加斯是世界上最大的真空吸尘器。这里不存在时间。观察任何一家赌场，你很难发现一扇窗户或一座时钟。一觉醒来，它会吸走一切，包括你的责任感、礼貌、任何的财务控制力或控制强烈欲望的能力。这里会让你输掉自己、你的钱或任何对你来说重要的东西。

如果你在那种环境中长大，你很难变成一个有责任心的成年人的。好吧，至少我肯定不行。

在迪伦的舞厅和酒吧，我的工作包括让口渴的消费者坐满房间、控制存货、尽可能确保我们的消费者获得最佳的消费体验和保证收银机正常运转，最重要的是保护好现金。这就是为什么我要随身携带一把手枪，以及我为什么不断研习武术的原因。17岁时我就开始学习跆拳道和搏击术。

20来岁的年轻人通常认为他们是不可阻挡的，但是，作为一个持枪的人，一位受过武术训练的酒保，以及拥有部分拉斯维加斯夜总会话语权的少东家，我所掌控的力量让我确信自己绝对是不可战胜的。可能我完全疯了，但这在拉斯维加斯十分普遍。后来我有机会开了一家属于自己的夜总会——JD's。它位于弗里蒙特街名为"神枪手简"（Calamity Jane）的旧大楼里，乐队全部是现场演奏，舞池全部是狂舞区，几乎每天晚上都会有警察光顾这里。我经常与客人们聚在一起喝酒，一杯接一杯地拼酒。我的酒吧通宵运营，我告诉自己："我会一直这样生活下去。"因为我认为自己已经发现了完美生活的奥秘。

不到一年的时间,我把夜总会经营得一塌糊涂,并且将我的未来、健康以及与莉萨的关系置于危险的境地。

对莉萨来说,跟我一起生活就要不断地经受肾上腺素①的激增。众所周知,很小剂量的肾上腺素就能产生激烈的作用,但最终它会让你精疲力竭。由于莉萨无法忍受连续不断的大剂量肾上腺素,开始对派对失去兴趣,同时发现我正在失去控制。

鉴于我们开始约会不久,我就培训她在酒吧当酒保,她的处境很难堪。她亲眼目睹了沉醉于酗酒、夜总会或派对生活方式的危险。几年之后,她断定自己真的不适合这种生活方式,相反她想追随父亲的足迹,考取拉斯维加斯大都市警察局的警官职位。她投身警界是渴望找到令人兴奋的工作,同时也是为了做能够给她以激励,并且在某些方面还可以改善世界的工作。在内心深处,她总想做一个保护者,这份工作要比灌一肚子烈性酒并且喝个烂醉更适合她。

在执法部门任职不久后,她吃惊地发现:这种生活和工作方式是她喜欢的,只是太稳定了。毕竟莉萨经历过容易赚钱而且有着贵宾待遇的生活方式。她的同事会谈论"用20年的工作时间赚取百万美元的收入"这一话题。而莉萨首先想到的是:"用20年的时间赚100万美元?整个职业生涯就值100万美元?20年后100万美元还很值钱吗?有些人一个月就能赚100万美元!"虽然对于警员来说那是一大笔钱,但在之后的20年里赚这么多钱却不是她想做的事情。

就像我说过的那样,她和我看待世界的方式与大多数人截然不同。表面上看,作为一名警官,她选择了一份良好的职业,享受着工作、使命和警徽带来的荣耀。但莉萨相信外面一定有更适合她的事情在等她。一定有。

---

① 肾上腺素是由人体分泌的一种激素。当人经历某些刺激(如兴奋、恐惧、紧张等)就会分泌出这种化学物质。——编者注

> 很多人都在做着自己热爱的工作，并且也能从中赚不少的钱。我觉得指出这一点很重要。但你也应当考虑自己的梦想和长期目标，并且扪心自问：我现在的状态是否为我提供了达成所愿的方法或指明了道路？然后，你就可以重新评估下一步行动能否实现你的梦想，是做受雇者还是自雇主，抑或是企业老板还是投资者？你需要做什么或改变什么才能抵达那里？

每天晚上执勤时，莉萨都无法预料会有什么事情发生。她从不知道每天晚上要跟谁过招，自己会采取怎样的行动，或者遇到哪些意想不到的状况。她要面对的人中很多是瘾君子，这些人难以捉摸，而且十分危险。可是，下班回到家中，她面对的情况更糟：自己的丈夫刚刚忙完3天的工作，因宿醉正在难受，痛恨自己，而且厌烦这个世界。她经常为我这个伴侣担心，担心有一天她会接到电话，我在电话那头说"我死了"或"受伤了"，或者"我可能跟与你常打交道的那些人一样最终进了监狱"。

这并没有让我中规中矩，实际上它起的作用正好相反。我恨自己对莉萨所做的一切。不无讽刺的是，这种自我憎恨反而让我更加沉溺于喝酒和派对，越喝越难以消除我头脑中的嘈杂。我成长在一个刻板守旧、有酗酒习惯的爱尔兰家庭，这是我所知道的能够消除痛苦的唯一方式。痛苦之人会借酒消愁。

因此，我不断地喝酒，同时莉萨却非常害怕，以至于她不再与我争吵。现在她发现我喝酒时什么也不说。她知道跟我争吵于事无补，因为这阻止不了我外出喝酒，最终只能让我们俩的关系更糟糕。

这不是我娶的那个坚强而独立的莉萨，也不是那个靠自己开辟人生之路的莉萨——她从南达科他州搬到拉斯维加斯，开始新生活，并成为一名警官。那个莉萨能说出她的心声，这个莉萨已经对我无话可说。鉴于我酒瘾反复发作，而且无法戒掉，她觉得自己对此负有一定责任，而且对我们日益恶化的关系及自身受到的伤害感到伤心。但她偶尔还能看到当时跟她谈恋爱的那个人的影子，那是一个天真而又雄心勃勃的20岁的青年，这是唯一让她还跟我待在一起的原因。

她很想知道自己该不该看到我的酒瘾发作，该不该允许这一场面再次发生。还是孩子时，她见过父母和祖父母喝啤酒和鸡尾酒。随着夜幕降临，气氛最终变得嘈杂和低级趣味。以她的体会，她觉得酒精让事情变得有趣，也让我们在一起的时间充满乐趣。她劝自己：早期我们一起工作时它（酒）让我们关系亲密，但现在它会让我们分道扬镳吗？

"看到现金就会兴奋"这个事实在当时似乎是一种信号，它表明我们做的所有的事情都很对。现在回想起来，它恰恰为我们这对夫妻埋下了隐患。每天晚上离开酒吧时，我们会带走一捆钞票，它流进来很快，我们花出去也快——我们会购买跑车、在拉斯维加斯饭店摆豪华的晚宴，以及在最奢华的夜总会度过狂野的夜晚。我们感觉自己是挥金如土的人，小费都是50美元或100美元地给，它们就像是《大富翁》里的游戏币。这种高贵的感觉非常诱人。大手大脚花钱的快乐掩盖了我们这种不健康的生活方式带来的所有问题。我们在这种极大的快乐中生活了很多年，而与我们相伴的只有无知。

但是，这样生活并不等于自由。事实上，我完全被自己做出的选择以及我们所处的环境所困。我陷入了酒瘾而无法自拔。同时，我们也被生活方式所困。我们为自己创造出一种奢华的生活方式，以至于我们现在感觉别无选择，只能将我们目前所做的事情继续做下去。

也正是这个时候我们观看了电影《黑客帝国》。开车回家时，我们沉默无语，都在想着尼欧那句话："我的感受确实如此。我被困在了自己不想要的生活中。"

## 生死一线间

我们就这样继续生活了很多年，因为我们躲藏在酒吧工作、金钱和拥有的奢侈品背后，为的是避免真正的问题摆在我们面前，这一问题就是我的酒瘾。直到 2001 年年底，我几乎花光了所有的存款，我们曾经相信我们会财源滚滚。我开始偷夜总会的钱买酒喝，仅仅是为了不让酒瘾发作。很多家庭和工作上的责任我已经无法履行，甚至频繁地打电话请病假，或者是直接彻底消失，以此逃避工作。我的体重大减，因为这些日子里我唯一吃到肚子里的东西似乎只有酒精，我无法掩饰自己的营养不良。莉萨和我开始变得疏远，因为我唯一关心的事情是我下一次如何逃避工作。

我沉溺于喝酒和派对的话题无数次出现在我们的谈话中。我认为自己不是酗酒的人，因为酗酒者无法戒酒。如果我真的想停止喝酒，一次就能停喝一周的时间，而酗酒的人做不到这一点。我只是喜欢外出参加派对，和朋友们一起寻开心。我们只是在拼酒，释放工作压力，为美好的时代干杯。这没有什么错，是不是？

我会努力控制酒量，这一点非常肯定，我承认。我会减少每天的酒量。虽然我制定了一些规定来约束我的酗酒行为，但仍然有漏洞可以让我喝点酒，比如"我只在工作之后喝酒"，或者"我只喝啤酒"。但正如生活受到酒瘾伤害的人所知道的那样，这纯粹是痴心妄想。

> 对待成瘾中的爱人，设定界限并严格履行才是关键。我为他设定了界限，但我未能坚持不懈。我爱乔希，最终我还是放任他我行我素，因为如果不由着他的话，我害怕会因此发生什么更糟糕的事情。

2001年11月23日，我们跟莉萨的同事克里斯（Chris）及其妻子耶恩（Jen）到舵手饭店（Tiller Man Restaurant）就餐。在准备那晚外出之前，我为了避免喝酒过多，整整一周我只喝了一小口。"你觉得吃饭时喝点酒怎么样？"我问莉萨，期待之情溢于言表。

她考虑了几秒钟，看着我，好像是审视我是否非常渴望喝点酒。我面无表情，什么也没有流露出来。显然她对我的要求不高兴，她的眼神简直就是在说"不行"。我确实让她为难了，她没有和我发生争吵，只是保持沉默，紧咬着牙，朝我假扮了一个笑脸。

我亲吻了她的脸颊，迅速唤来了服务生，点了双份的苏连红和蔓越莓加冰。

3分钟之后，我感觉好起来，也很高兴晚上能跟朋友出来。当服务生再次出现问我们还需要什么的时候，我想再点一次酒也无妨，直到我注意到莉萨拿眼瞪着我，两眼充满了失望时，我还没有搞明白我干了什么。我让她陷入了窘迫的境地，因为担心在朋友面前让我难堪，她甚至还不能说什么；相反，她强忍着满腔怒火，并且对我刚刚发动起来的不可避免的、自我毁灭式的狂饮作乐惴惴不安。因为接下来的三个晚上她要值夜班，否则，这顿晚餐绝对会发展成一场风暴。

随着夜幕的降临，我开始酝酿自己的计划。我把克里斯拉到一边，问他愿不愿意晚餐后跟我来个彻夜不归。他愿意。在我们互相道别之后，克里斯和我用车送各自的妻子回家。为了和克里斯喝酒，我给了莉萨一个牵强的理由，说是要出去"检查一下酒吧工作"，她立即就识破了我的谎言，但她什么也没有说。我匆匆跟她吻别，并向她保证很快就回家，但我们都知道这是在撒谎。

莉萨看着我，很明显她已经怒火中烧了，或许对于这种自己完全无法控制的局面感到怒不可遏，但也因为害怕（失去我）而使当时的气氛有所缓和。她永远不知道自己最后一次看见我是什么时候。她只能说："好的，我爱你，乔希。"

我快速吻了她一下，插上手枪，并从保险箱里抓了一把钱，我没敢直视她的眼睛，只是低声地说："我也爱你。"

在我打开门要走出去时，听到莉萨说："注意安全。早点回家。"我动身去图书馆酒吧（The Library），这是一家归我爸爸所有的酒吧，我在那里与克里斯会面，开始举行派对。

在接下来的3天里，莉萨过得心烦意乱，但她的内心却越来越坚定。这肯定不是她第一次看到我要这种花招，但是这一次不同以往。她确信这会是最后一次。因为即使我活着回家，莉萨也决定结束这种愚蠢的行为。每过一天，她的决心就会增强一点：如果我不同意在戒除酒瘾上接受专业的帮助，她就准备离开我。

---

  我没有太多的话要说。很快我就要去上班，我知道不管怎样他（乔希）还是会离家外出。多年以来，这种事情一次又一次地接连发生，已经到了我们都要装模作样的地步了。这种情况下没有人会赢。我感觉这一次我已经失去了自我，也不知道自己做了什么。

---

其实克里斯没有一直跟我待在图书馆酒吧，我们只不过在一起

待了几个小时。出于对我家庭的忠诚，他确实问过我跟他分开后我是不是回家。我告诉他我会回家，如此一来，如果莉萨向他打听我的去向，他就可以诚实地汇报说我打算很快回家。我知道如果莉萨想找到我，她准能找到。她天生就是一个侦探，而且知道我喜欢光顾的所有地方。

接下来的 24 小时，我赌赢了几把，最后感到越来越无聊，开始打电话约几个朋友开派对，并计划在猎豹（Cheetahs）碰面，然后是疯马 2（Crazy horse 2），都是脱衣舞夜总会，都是与朋友一起玩消失和喝酒的绝佳场所。其实脱衣舞夜总会并没有你想象中的那么刺激，我们也曾多次带妻子去过那些地方。因为是我请客，所以朋友们难以拒绝我的邀请，也确实没有人拒绝。直到 11 月 26 日，在我离家 3 天后，我喝得一塌糊涂，这是我最后一次爬回家。

我计算过时间，以便我在半夜时分到家时莉萨已经去上班了，这样她就不会看到我酒后的样子：自责、沮丧、身无分文，浑身散发着酒精和脱衣舞夜总会的臭气。

我随身携带一把手枪很有必要：在酒吧行业工作，在拉斯维加斯这样一个不守秩序的城市，手枪可以保护我。但是，说实话，我对每次喝酒或吸毒后折磨自己的幻觉感到十分害怕，它让我眼前一片漆黑，令人不安的窗户在屋里围绕着我跑来跑去，吓得我目瞪口呆。佩带手枪给我一种很荒谬的舒服感。

等我回到家中，爬上大沙发，我面对的沮丧和孤独真实得就像家里的家具一样。与此同时，我还有一种陷入困境的感觉，因为我对莉萨和我们的婚姻带来的伤害是无法弥补的，那把手枪带给我一种新的安慰，因为它提供了一种解脱的办法。我真正面对的敌人其实是我自己，我很清楚这一点。在这里，我与我的敌人面面相对，没有人能阻止我，我的思路变得清晰起来。我已经跟自杀这一诱惑斗争了很多年，就在那天晚上，我终于可以结束这种疯狂了。我开始因为彻底绝望而啜泣，并且认为要想改善目前这种境况，除了结束生命，任何事情我都做不了。

我的下一个记忆是我坐在沙发上，手里抓着大毒蛇 ACR 突击步枪，心甘情愿地想尽可能快速而有效地结束自己的生命。我花了一个小时擦拭、上油并重装这支步枪，这是我尊重枪支和准备离世的程序，也是所谓"武士道"精神。不过，我对自己变成这样的人感到羞耻。

---

我对自己决定的解决办法更加坚定。我不想失去乔希，但我不能再让那种感觉继续下去了。我想再次得到快乐，即便那种日子很短，而且我很长时间都没有享受过了。我厌倦了为乔希提心吊胆的日子，也担心他会怎样死去：是在医院还是在监狱。

---

幻觉中的幽灵弥漫在我的周围，它悄悄地爬动，不时地发出不吉利的声音，并在我耳边诉说一些可怕的事情。我抓起步枪，猛地从沙发上跳起来，开始在房间里走动，喘着粗气，像士兵一样在房间里逐个清理障碍物，并把枪口瞄向黑暗之处。我的武术训练开始发挥作用，我装模作样地寻找目标，至于正在搜寻什么，我并不知道。

为什么要这样做？我问自己，低下头疑惑地看着手中的步枪。我这是在干什么呢？这里没有人啊。然后，我开始考虑将枪对准自己。我真的要射杀自己，在我们的房间里，好让莉萨能够发现我？

多年来，莉萨一直在为我收拾烂摊子。如果我用这种方式自杀，方便她能在地板上发现我倒在血泊中，如此一来会对她有帮助吗？

我开始厌恶，同时充满恐惧。幻觉再次嘲笑我，我惊恐地尖叫起来：" 啊……不……！"

我打算要做之事（自杀）的全部力量冷不丁击中了我。我倒在地上，步枪也脱了手，我开始痛哭，哭得非常厉害，以至于我无法呼吸。难道自杀不是最正确的方法吗？我感到疑惑：我这是在做正确的事情吗？

在客厅的地板上哭了很长时间之后，我想到了一个主意，就像另外一个邪恶的声音出现在我的脑子里一样。过去的武术训练让我可以集中全部注意力进行深度冥想，之前我已经做过多次。但这一次，如果我能陷入沉思，足以抑制我身体的痛，并调动全身的能量，同时我也能将这一过程颠倒过来，利用同样的方法耗尽全身的能量。这最后一次深度冥想会比我以前做的更加深入：不会流血，也没有乱七八糟的东西需要打扫，干净而且有效，这是我摆脱困境的办法。

---

> 我不知道我们是如何走到这一步的，也不知道我们如何让自己的生命在近乎失控的情况下维持这么久，它不应该是这个样子。两个决定我只能二选一，虽然我不想失去乔希，但我知道这种可能性是存在的。酒瘾最终会杀死他，我总是对我离开他之后若发生了这种事而不知所措：这是我的错吗，因为我没有留在他身边？我能做些什么呢？如果我留下而他却死了，我又会有何感受呢？我知道，给他一个选择可以让我向前进，并且不再背负沉重的心理负担。整个周末我都没有跟他谈这事，因此我不知道他处于什么状态，或者他正在想什么，我只知道我们俩都很伤心。

---

我手脚并用爬进书房，然后躺下，准备自行进入最终能够让我的身体停摆的冥想。我集中精力将我手脚中的能量拉出来，通过四

肢传到我的体内，然后再将这些生命的力量输回到地面。我不断地重复，将能量从身体内拉出来，然后送到地面。我把注意力集中在自己的呼吸上，身体的各部分开始变冰凉，因为我的身体正在慢慢变得毫无生气。

当我完全失去知觉或无法移动四肢时，我随后将注意力集中到我的头和脖子上，把能量拉出来，送入胸腔，再传入地面。我逐步进入黑暗之中，我变得越来越冷，最终我不再感知到自己的身体。

我死了。我在黑暗中漂浮着，偶然发现远处一点微弱的光。这光朝着我迅速地移动，当它靠近我时，幻化成一个女人的形象，虽然我想不起她是谁，但感觉很熟悉。她伸出一只手，充满爱意地抚摸着我的手，那种舒服的感觉仿佛是妈妈把我搂在怀里的感觉，我好像回到了天真无邪的少年时光。

然后，她对我说了几句话，就是这几句话永远改变了我的生活："不……现在不行。你还有很多事情要做。"接着她松开我的手，就像她出现时那样快速地消失了。

好比病人接受了一次除纤颤器的电击，我突然醒了过来，大喘一口气。我意识到自己的"死亡计划"落空了。我将再次陷入以前那种悲惨的生活。我筋疲力尽，大脑一片空白，除了哭我什么也做不了。

就这样过了几个小时之后，我听到莉萨用钥匙开门的熟悉声音。到了面对她和我自己折腾出来的最凄惨的时刻了。我躺在客厅的沙发上，屏住呼吸，等着一顿不可避免的狠狠训斥，我知道这是我应得的。

---

　　我准备结束这一切，并表明我的立场：要么共同前进，要么我单独向前。让我高兴的是乔希愿意跟我一起走，再

次接受生命的挑战。到了我们俩都要表明立场的时候了，不是开口说，而是要做那些对你和你身边的人而且可能是对全世界产生积极影响的事。我们要做的这件事不同寻常，因为结果可能是也可能不是你希望它要呈现的样子。相信你的直觉，追随你的内心，你就能实现它。

---

她慢慢地穿过门厅，发现放在地上的步枪。在她站到我身旁俯身看着我之前，我听到她轻微的一声叹息。

她的眼神夹杂着可怜和力量。她穿着警服站在那里，胸前佩戴着警徽，手枪束在腰间。现在，在我看来她跟原先不一样了。我能从她的眼中看到决心。刚才看到的一幕让她的眼中充满了泪水。但是，从她脸上流露出的充满厌恶和轻蔑的表情中，我知道她想了结这一切。坚强而果断的莉萨，我曾经与之热恋的莉萨，再次站到了我面前。尽管我对接下来会发生什么惴惴不安，但看到她还是令我备感心慰。

她重重地叹了一口气，然后直视着我的眼睛说道："乔希，要么你现在去接受治疗，要么我收拾一下离开你。"

很长时间我都在寻找一条救生索。我希望结束这一切，但不知道该如何做。莉萨有勇气叫停这一切，并希望我能带给彼此都想要的改变。那天晚上，我离开家来到康复中心。

## 重拾自我

我对康复过程并不陌生。在我与众不同的青少年时期，我两次被迫加入"青少年认知行为和药物治疗计划"。我甚至自行尝试过几次放弃开派对，但很少能持续较长的时间。因为夜总会的工作圈子变成了一股强大的力量，使我无法戒酒。"当年那个不满13岁的孩子，竟然会在康复中心浪费时间",之所以这么想,是因为我当时并没有全身心地接受治疗,我的家族企业、我的不安全感和随之而来的沮丧似乎是酒瘾复发的一个好借口。

但是,2001年末我碰到了之前从未遇到的事情:我拥有一段极力想要拯救的婚姻。虽然我爱喝酒,但我更爱莉萨。我们的未来十分危险,如果我失去了莉萨,我会精神错乱,很可能再也恢复不了了。2001年11月末,我去康复中心报到。

我当年的许多朋友过得并不好,他们要么死了,要么进了监狱,要么仍然无法戒除酒瘾。我幸运地找到了一位非常支持我、爱我的妻子,帮我登记住进了对我这种情况最有利的康复中心,并且遇到了优秀的治疗师。

现在我拥有一家成功的企业,而且生意兴隆,同时我还兼扮多种角色,如导师、丈夫、父亲、朋友和改变生活的贡献者。即使过了这么长时间,我仍然觉得那天住进康复中心是我曾经做过的最好的投资。

在康复中心的28天教会了我如何将自身存在的问题转变成解决方案,从而走向一条康复、自我提升和快乐之路,而这些问题我曾以为是不可克服的。我开始深挖自己犯酒瘾的根源,将我的能力不足感和害怕失败感等问题追溯到我的童年。我盘点了一下自己的生活方式和恐惧,为了削弱它们的力量,我要与它们逐一格斗。在艰难的一个月之内,我完全变了一个人,全心全意致力于开始过上不饮酒、头脑清醒的全新生活。我知道这一过程才刚刚开始。

在一个月的时间里,我跟很多人建立了友谊。在一个彼此关系非常紧密且相互依赖的社区里,大家因为共同的麻烦走到了一起,除了交朋友,你别无选择。我其中一个朋友就是治疗中心的业主克里斯·斯潘塞(Chris Spencer),他本身就是一个戒除了酒瘾的人,之后扭转了自己的生活，献身于为其他成瘾者服务的事业中。

刚到康复中心时，在我和斯潘塞的一次谈话中，我跟他讲了一些我的事，主要是关于我的家族企业，以及在拉斯维加斯经营夜总会的事。斯潘塞说我们有共同之外，他也在服务行业工作了多年。事实上，他拥有一家连锁饭店。我们比照各自的体验，总结出这样一个事实，那就是服务业是滋生我们这类人的温床。

"回到我酗酒的那个时候，我当时只想开饭店，"斯潘塞说。他在回想那些日子时，摸着自己的下巴，低声地笑着。然后，他直视着我，"现在我是清醒的，我想做的只是开办治疗中心。"然后，他站起身，拍着我的后背说："或许你也想做同样的事情。"我低声地笑了，摇摇头，没有把这个想法放在心上。

莉萨和我一起做了很多康复工作，她还在周末开车拉着我和我的顾问参加讲习班。

最后一天她开车前来载我回家，看到她时，我心里感到宽慰和快乐。真的要离开最近一个月来待的这个安全天堂时，我有点伤心，并对回到拉斯维加斯感到惴惴不安，因为那里是摧毁我的地方。

开车回家要用5个小时，在开始返家旅程之前，我们在加州的达纳点（Dana Point）稍作停顿，去看望一下我的弟弟——迪伦，他与我工作的地方同名。我们赶到时他家正在举办一场假日聚会。有家人围绕在身边的感觉很好，但在我们抵达之后不久，聚会就变得沉寂下来，令人不舒服的寂静。我热情地与众人分享我在康复中心的经历，显示我学到的所有东西。但是，当我开始讨论这个话题时，家人们不是明显不舒服地扭动身体，就是一起表现出一脸的不屑，好像在说："是啊，乔希，那听起来不错。但是我们看的是行动。"因为他们已经见过我好几次重蹈覆辙，因此，他们的质疑也是可以理解的。毕竟，我们全都要靠卖酒和开派对维持生计。向我们的"衣食父母"发起挑战确实很难。

---

乔希能够接受康复治疗,我为他感到自豪,他说的没错,我们做了很多治疗工作。我对自己这么容易谅解和释怀感到惊讶。乔希已经做好了充分的准备,要继续前进,甩掉酒瘾这个重担,摆脱愤怒、悲伤和痛苦的重压。当我们与治疗师一起努力时,乔希能让酒瘾快点滚蛋。多年以来,我感觉很不好,我知道放手而不是对过去心怀怨恨可以让我和乔希拥有一个光明的未来。如果仅仅是他得到了治愈,而我什么都没有做,我们之间的关系仍然不会健康。吸取教训、原谅过去并重获健康是个人发展和能够成功走向未来的重要组成部分。如果你陷入困境无法自拔,请好好回顾一下过去,看看哪些是必须抛弃的。

---

吃过饭之后,莉萨和我收拾好东西,准备在夜色茫茫中重新上路。我们道别,大家相互拥抱。

"等等,乔希!停车!"爸爸一边喊,一边跑下门前的台阶,手里拿着一个盒子。"我把这个忘了!我想给你俩一样东西。"他撵上我们,伸手递给我一个棕色的盒子。我疑惑地看着爸爸,然后,撕开标签,打开盒子,里面露出一个紫色和金色相间的盒子,上面的标题是《富爸爸你可以选择成为富人》(*You Can Choose to Be Rich*)。这是一部有声读物,封面上印着作者罗伯特·清崎的照片,透出一种聪明而又不乏推销的味道,他就那样微笑地看着我。

我半心半意地笑了笑,说了一句"谢谢你,爸爸",接着就把盒子递给了莉萨,不露声色地挤了挤眼。爸爸有看到广告就给孩子买东西的习惯,比如无用且过于复杂的健身器材、励志课程和不能用的小玩意儿等。一旦他被广告中某句激动人心的话打动了，就想买下来与我们分享，却似乎总是做不到点子上。我猜这一次也没有什么差别。

我的表情意味着什么，爸爸都看在了眼里。就像看透了我的心思一样，他说："这家伙跟别人不一样，乔希。你会喜欢他的。我保证。"

"好的，爸爸，谢谢。"我说道。

然后，他说道："儿子，向我保证你会听它，好吗？"他的声音深沉而极具权威，就像是老板在说话。

我说我会听的，把光盘扔到了汽车后座上，然后我们就上路了。

起初我讨厌这个礼物，并不打算听。我开始在座位上烦躁、叹息。就这样过了几分钟，这时莉萨打破了僵局。"噢，我们还是听听吧，我知道不听一听，它就老是让你心烦。"

因此，在开车赶往拉斯维加斯家中的路上，我们不是为头脑清醒之后等待我的是什么而忧心忡忡，或者考虑如何修复我们的婚姻，我们的内心充满了希望和激励，产生了如何过上更美好、更充实和更富裕的生活的想法，而且要让这种生活与喝酒、酒吧、暴力或夜总会一点儿也不沾边。

毫不夸张地说，我们的回家之旅就这样开始了。在开车回拉斯维加斯的路上，听着罗伯特·清崎和金·清崎分享他们关于金钱、生活和学习的哲学，我们意识到这张光盘丝毫不像是我们期望的东西。它不过是想让我们从他们那里购买什么东西而致富，或者重复一些我们之前听过很多遍的垃圾真言。但是，后来我们开始明白，"富爸爸"所传达的信息完全不同。它是在倡导一种生活方式的转变，或者如清崎所说，倡导一种"环境的转换"。

旅行的时候，我们通常会听斯蒂芬·金[①]（Steven King）和汤

---

[①] 斯蒂芬·金，美国畅销书作家，主要以恐怖小说著称，他的作品还包括科幻小说、奇幻小说、短篇小说等。——编者注

姆·克兰西[①]（Tom Clancy）这些人的光盘。这是给我们助兴的好办法，也能快速打发无聊的旅途时间。但是，从来没有人想过要在旅行时学习。通常"学习"这个概念是为学校里的人准备的，只是为了考试而已。但是，此时的我们正在车里学习课堂上从来没有学过的知识。娱乐不再是我们渴望的目标，毕竟我们得到的已经够多了。

---

生活就是一次学习之旅。你所做的就是看书、看演出和参加实践活动。它们是支持你继续成长呢，还是阻碍你成长呢？为了持续学习，你的日常生活中有哪些是可以增添或改变的呢？我认识的所有成功人士总是学习新的东西，从而为他们及其身边人的生活增加价值。

---

节目还没有听完，我们就已经到家，我们没有像往常那样关掉CD播放机，然后下车，而是将车停在了私家车车道上，在黑暗的车里继续坐了近半个小时，直到播放结束。之后，我们仍然沉默不语，很像1999年看完《黑客帝国》之后的那个下午。两年前的那天，在看完《黑客帝国》之后，我们都在想同样的事情：我们的生活方式不可持续，也不称心。我们知道的仅此而已，没有动力做出改变，或者不明白如何做出改变。

当时是2001年年末，我们俩再次想着同一件事情。只是这一次，我们想的不是我们陷在了自作自受的"矩阵"之中，而是觉察到了某种希望。这是罗伯特·清崎刚刚指引给我们的。

那天，我们正好来到了人生的十字路口，这次我们选择要成为像罗伯特·清崎那样的富人，而不只是一味地追求金钱。我们想过上

---

[①] 汤姆·克兰西，他是享誉世界的军事小说大师。——编者注

富裕的生活，而且是那种全面的富裕，包括健康、财富和心灵。我们想做意义重大的事，它既能让我们感到满足和快乐，又能让我们携手并肩，每天都能学到东西。

那天晚上，在走进家门之前，我下定决心：不能也不想再在父亲的夜总会里干事了。

我们要创造属于自己的生活，这意味着我们可以帮助其他人度过艰难的时刻，结束成瘾带给他们的痛苦经历。这就是旅途康复中心成立的初衷。当时，我们决心要成为社会企业家。

**熟读深思**

如果你信心倍增，要随心而动，跟着激情走，听从直觉，那会怎样？从现在开始直至5年之后，会有什么结果？如果你什么都不做，5年之后又会是什么结果？

# 第二章
# 了解社会企业

的确,对于任何曾声称"这种办法不可行"或者"我们能做得更出色"的人们——他们想挑战现状,动摇现行体制,尝试像社会企业家一样进行"创造性破坏"——来说,这样的机会现在已经很多了。

——戴维·伯恩斯坦(David Bornstein),
《如何改变世界》(*How to Change the World*)

为了最准确地理解社会企业的概念,或许我们应该先了解其中一位倡导者。

格雷戈里·迪斯(J. Gregory Dees)是杜克大学富卡商学院的教授和社会企业化经营促进研究中心(CASE)的创始人,他被公认为社会企业化经营研究领域的学术带头人。2006年,在由新利公司(New Profit Inc.)主办的一次会议上,迪斯说"社会企业家"这个词反映了两方面的融合:既体现了社会性的目的,通常这会让我们联想到非营利组织,又体现了企业家的某种价值取向,这会让我们联想到企业,特别是最具创新和活力的企业。

换言之，社会企业家建立企业，在赚钱的同时又完成了社会使命。

当然，2001年年末，我们对成为社会企业家还没有什么概念。一旦我们决心为自己创造一种崭新的生活，那才是这一旅程的开始。正如任何行业的企业家告诉你的那样，从一个模糊的想法到成功建立且成熟运营一家企业还有很长的路要走，不管是不是社会企业，跨越这一鸿沟是大多数新企业所缺乏的。

一旦想要创造属于自己的新生活，并且实现财务自由，我们应该想到前方的道路漫长而且艰难。我们不仅要改变生活中的几件事情，而且要彻底改变，从自我欺骗的思想到我们使用的词语，从一起消磨时光的朋友到我们在业余时间做的事情，一切都要改变。我们已经做好准备了，准备拥抱改变，不管前方的道路有多么艰难。

但在当时，那个决定所带来的全部重量都压在了我们身上。

要是说我们被我在康复中心的经历以及改变我们生活方式的想法感动了，以至于立马就找到了让我们一辈子都热衷的事情，那也不太真实。至少在开车从南加州到拉斯维加斯的路上我们还没有决定开办康复中心。那时，我们最热衷的是如何修复我们的生活和婚姻。

我们只是从康复中心返回，作为全新开始的两个人，下决心不再让夜总会、金钱和让我们欲罢不能的堕落的生活方式再来纠缠我们。但是，我仍然作为父亲的得力助手在夜总会打工。虽然我不想再以这种方式生活，可我却不知道自己真正想要的生活又是什么样子的。我将我的困惑与父亲谈了，他是那种会把如此坦白当成是一种软弱表现的人，我认为可行的事情，他直接就说不可取。重新回去工作让我害怕，但不回去工作也让我害怕。

回家几天之后，我发现自己又站到了迪伦舞厅里，周围有上千人在庆祝2001年的新年前夜。整个晚上我都想知道自己到底在那里做什么。我倍受打击，却又束手无策。身边弥漫着开派对的人们的欢声笑语。随着夜晚慢慢降临，我清楚地知道这些开心全都是假的，或许他们跟我有着同样的问题，我感觉他们没有几个人真正地快乐。从大屏幕LED显示屏上看着时代广场的水晶球从高处落下，听着迎接新年的倒计时，我感觉离开父亲企业的恐惧正在消失，反而害怕再在那个地方浪费一年。不是害怕经常暴力和喜怒无常的父亲，不是害怕经济上有什么损失，不是不确定我未来的职业或担心家人会不会疏远自己，没有什么值得让我如此继续生活，置身于这种有害的环境之中。我必须离开这里，马上走。

与此同时，在这个新年前夜，随着时钟一分一秒地走向午夜，莉萨身穿制服与同事巡逻在拉斯维加斯大道上，她也面临着自己的恐惧。成千上万强壮的人挤在一起，非常危险，但莉萨更害怕夜总会中的我会发生什么事。我是新近康复的酒鬼，在这样的夜晚，似乎整个世界就只剩下了喝酒和狂欢。她知道我已下定决心离开夜总会的生意，怕的就是某个顾客把我拉回去喝酒庆祝。整个晚上她都在为此事担忧。

---

> 对于你是什么人或你想做什么，你所处的环境既能起到支持的作用，也能起到破坏的作用。如果你想改变，你就要察看一下你所处的环境，并且让它成为你的支持者。

---

随着夜幕逐渐消失，太阳开始升起，我们的值班也结束了，下班的时间终于到了。当我们都安全而且健康地下班回家，当听到我在元旦的早晨决定开始脱离父亲的企业时，她百感交集：吃惊、如释重负、兴奋和紧张。也就是从那天早晨，我们决定重新来过。仅此而已。我们并不知道接下来要干什么，但我们却清楚如果当时我们不立即行动起来，可能永远也逃脱不了了。我们在元旦这天快乐地

进行头脑风暴，讨论等待我们的所有可能性。在某种程度上，让我在夜总会之外的地方工作对我来说是一种挑战，让莉萨不再当警官也是如此，但意识到整个世界有无限的可能在等待着我们选择，这令我们非常兴奋。那天，莉萨和我抛弃了清规戒律的约束，将蹦到我们脑子里的所有想法都提出来加以讨论。

刹那间，我与斯潘塞在康复中心的讨论涌入我的脑海。斯潘塞以前是一位饭店老板，当他意识到饭店的生意不再让他保持清醒时，他决定开办一家康复中心。

那会是一个信号吗？我们敢梦想过上类似的生活吗？是的，我们敢。因为我与莉萨大声地分享了那次谈话的回忆之后，我们俩都安静了下来，非常严肃地看着彼此。我们意识到它已然在召唤。毕竟我们知道其他正在与酒瘾抗争的人是什么样子，我们也知道这些瘾君子之前所深爱的人也正在经受痛苦。我们的生命拼图似乎在那一刻全都汇集到了一起，这让我们明白之前发生在我们身上的所有事情都是有原因的。

我曾经接受过几次康复治疗，我知道什么对付酒瘾更有效。莉萨和我都对酒瘾带来的痛苦、重返清醒生活所需跨越的困难和适应让人保持清醒的生活环境深有体会。为了与其他瘾君子及家人分享我们知道的事情，让他们的家庭重新恢复平静，这一定会大有裨益。

考虑了一个晚上之后，第二天早晨我把电话打给了斯潘塞。我迈出了第一步。我跟他讲了自己所经历的一切，我感觉困在了夜总会里无法脱身，再在那里工作下去无异于自杀。我告诉他我会再次被那个环境压垮，只是时间长短而已。莉萨也有同样的感觉，而且她全力支持我离开那里。

我告诉斯潘塞我们想提供解决问题（戒除酒瘾）的方案，而不是成为问题（成瘾者）本身。然后，我问斯潘塞他是否能够教我如何做康复中心的业务，如果可以，我将感激他的支持和指导。

"你是认真的吗？"他问我。

我向他保证我是认真的。

"那好，太棒了！"他说，"周一早晨到我办公室吧。"

对于斯潘塞将会把我们引向何处，或者他是否另有企图，我们一无所知。我开车回到南加州去跟他见面，并且吸收每一条我能从他那里听到的深刻见解和建议。这个人所走的道路正是莉萨和我想要开始走的道路。

我们的会面仅持续了10分钟。在这期间，他递给我一摞资料，这是他创办康复中心所用的政策和流程手册："就这些。这就是你如何创办治疗中心需要的东西。"事实上，他跟我分享了企业的私密资料，这让他的员工感到惊愕。

"获得授权是做成这件事情最难办的一个环节，"他说着，递给我更多的文件，"这些能帮你了解如何获得授权。"

我站在那里，彬彬有礼却又感到震惊，怀中抱着一摞越来越多的活页夹，斯潘塞还在往上摞着。当把所有的东西交给我以后，他用听起来像是给员工下命令一样的口气跟我说："我想要你飞到佛罗里达看看我在那里开办的治疗中心。好吗？过几天我就会去那里，因此，我想在那里跟你多谈谈。"甚至都没有跟我握手，或是说些祝我顺利的话，他就出门赴下一个约会了。

当晚我返回家中后，莉萨问我："情况怎样？"

"还行，不错的10分钟。"我告诉莉萨。此时，对于我们的计划如此之好我感到不知所措，对于斯潘塞提供给我的资料以及他相信我有能力干好这件事让我备受鼓舞。他似乎一点儿也没有质疑我或我们的决定。"莉萨，或许这是因为我们只请求他提供支持，而非从他那里索取什么。我不知道。但现在，我们要赶去佛罗里达。"

幸运的是，她相信我和我的新导师斯潘塞，以至于她愿意跟我登上飞往佛罗里达的飞机。我们俩都没有丝毫的犹豫。我们预订了飞往佛罗里达的航班，计划在那里待上一周，心甘情愿地服从斯潘塞的指示。后来，我们发现他和他的合伙人为我们这次会面安排了一整天的时间，包括去奥兰多的几个地方，跟许多有从事成瘾治疗行业经验的人交谈。现在回想起来，我们确信这是斯潘塞在检验我们，以判断我们对这一决定的认真程度。显然，我们过关了。

参观结束以后，我们对自己的决定更加坚定，并且渴望脚踏实地的经营自己的治疗中心。因为我们计划在佛罗里达待一周的时间，所以，那天与斯潘塞的会面结束之后，我们决定在开始新的冒险之旅前花几天时间到处转转，并且到迪士尼乐园游玩。也正是在此期间，莉萨怀上了我们的女儿黑利（Haley）。我们把它当成第三个信号，另外两个信号分别是我那次濒死的经历和爸爸碰巧送给我的圣诞礼物。正是这些信号告诉我们将要开始的生活是我们命中注定要做的事情。

我们两个人各有几年的管理和领导经验，"富爸爸"系列丛书为我们打下了坚实的财商教育基础，加上拥有包含授权信息的政策文件和流程手册，还有一个支持我们的同行和导师，令我吃惊的是，父亲同意我离开他的企业，开办属于自己的企业。所有事情似乎都在指引我们朝着创办康复中心的方向发展。

## 成功的基础

在接下来的几年里，我们都在忙着建立旅途康复中心。这个漫长的过程充满艰辛和挑战，我们要筹资、选址、取得治疗机构的资格、培养一个小众市场、寻找和增加客户、强化各种服务和在其他地方开设分中心以扩大规模。我们将与你分享所发生的一切。

我们最终取得了成功,但一路之上我们也犯了很多错误。每当面临挑战时,我们必须不断地提醒自己:我们想要做的是什么以及为什么想要做的是这个。不得不承认,撒手不干可能更容易做到。好几次我们都想放弃,并且说:"放弃吧,我们可以干点别的。"

---

很多人在尚未实现目标之前就放弃了。你应该学会发现让自己坚持下去的力量,还应对自己的热情和梦想加以评估,并确信这才是你真正想要的东西。

---

但是,事情已经走到了这一步,我们最关心的是参与到这一公益事业当中,即为世界各地与酒精依赖相抗争的大约 1400 万人提供服务。2002 年,当时正处在开办企业的初创阶段,我们发现需要治疗成瘾的人中 80% 没有得到正规的戒瘾服务,成瘾对各个社会阶层都产生消极影响,在这方面它没有歧视。

从对个人使命的热情和深刻的责任感出发,可以衍生出一系列的步骤,我们认为这是建立一家社会企业的基础。

- **找出自己建立在热情基础上的"理由"**。我们创办康复中心的理由并非清晰可见。但在经历了康复中心的戒酒醒脑过程之后(其他人会发现参加个人发展研讨班的经历也有类似的助益),它开始变得非常清晰了。我们的理由就是珍惜我们拥有的一切,每天早晨起来为这家企业不断地付出。直到今天仍然如此。你的理由可以是任何事情。拥有一个深刻的理由可以让你在艰难时刻仍然不断前进,因为这样或那样的困难随时随地都可能出现在你的创业路上。

- **做出清晰的承诺**。我们承诺开办一家治疗中心。通过调查研究,我们理清了自己的承诺,研究既来自于斯潘塞又来自于我们自己收集的资料，比如开展这一项工作的合法手续、如何取得资格以及有关成功运营这一机构能做和不能做的事情。我们将业余时间全部用于调查研究，将我们的家庭办公室变成了指挥中心，我们在这里收集信息，并加以处理以备不时之需。我们对自身的优缺点进行了评估，考虑如何利用我们各自的经验搞清楚目前在成瘾治疗领域还有哪些价值尚未发现。

- **找到适合的支持系统、导师和教练**。我们已经争取到了斯潘塞，在他力所能及的范围内给我们以指导，并传授创业智慧。在接下来的几年里，我们会接触更多的导师和支持者。事实证明，对我们来说，他们是无价之宝。合适的支持系统、导师和教练会推动你到达更高的境地——他或她会推动你去做你认为不可能做到的事情，让你换一种思维方式。这是一个优秀支持系统的标志。如果他们不支持你的愿景且无法推动你前进，你就应该另找他人；否则，你可能永远都不会实现既定的生活目标。

- **奉献和投入**。在个人发展方面，我们投入了大量的时间、金钱和精力。你的企业和你的生活就是你的生动写照。圣雄甘地（Mahatma Gandhi）曾经说过："欲变世界，先变自身。"企业家的能力有多大，企业就会走多远。你要么抑制企业的成长，要么领导它走向胜利。我们从未在提升自我和改进工作方面有所懈怠。

- **学习理财知识**。起初，我们对资产与负债的真实含义、如何筹资和投资以及主动收入和被动收入的区别知之甚少。开启我们财商教育的关键是《富爸爸你可以选择成为富人》这本书，但那仅仅是开始。说到底，不管企业的社会使命是什么，缺乏对财商教育的尊重，你无法成功经营一家企业。随着企业的成长，企业家需要不断地学习；随着世界经济形势的变化，企业家总有更多的知识需要掌握。

- **编制一份商业计划书**。这是你进行企业设计时需要思考的问题。企业能否在日后进行融资和扩张？除非你投入了大量的时间、精力和资源深入思考过企业的使命和团队，以及如何偿还投资者的资本；否则，没有人愿意投资帮你建立企业。这是检验社会企业可行性的关键所在。

结果显示，我们为给企业打下坚实的基础而采取的措施与许多重量级社会企业家的建议完全一致。

事实上，杜克大学社会企业化经营促进研究中心于2002年11月发表了一则报告，标题为《社会企业化经营的过程：创造值得认真追求的机会》，其作者艾谢·居奇吕（Ayse Guclu）、格雷戈里·迪斯和贝丝·巴特尔·安德森（Beth Battle Anderson）称：通常是个人的一系列经历促成了社会企业的建立；紧随其后的是对社会需求的确定，或者说清楚地认识到了'社会渴望与现实条件之间的差距'；然后，对社会需求的评估经常会过分强调消极因素，社会企业家要寻找可以'用来创造财富'的有利条件处于何方；最后，他们带来了改变，并且不断受到它（目标）的鼓励，寻求更多对社会产生积极影响的机会……成功的社会企业家会将这种'如何能够'的态度具体化，尤其是在创意阶段，高效的社会企业家会将这一导向应用到机会开发过程中，致力于持续创新、适应、分析和不断学习。"

不论是过去还是现在，它真的是我们取得成功的关键，我指的是"致力于持续创新、适应、分析和不断学习"这一过程。

施瓦布社会企业家基金会是一个全球性组织，其使命是推动和促进可持续性社会创新的主要模式，米丽娅姆·舍宁（Mirjam Schoning）是该基金会的主席，在社会企业领域工作了10年之后，她为社会企业家提出了以下7条原则或建议：

1. 追随你的激情。这是最重要的因素，它会让你在遇到挫折的时候还能走下去。

2. 平衡你的理性和激情。你正在满足的社会需求是真实且有根据的吗？

3. 进行头脑风暴，产生 1000 个创意，不要担心它们被优化、放弃或取代。

4. 甄选适合企业的商业模式，从第一天开始就清晰地表达企业的愿景、使命以及评价和测量体系。

5. 研究能与你正在想方设法追求的产生同样效果的方法。你的创意确实如你所想的那么独特吗？要考虑到外部竞争状况。

6. 考虑将你的社会企业实行授权经营，我们最需要的是希望创业家能将他们绝妙的创意带到这个世界的其他地方。

7. 给自己至少 3 年的时间（或 36 个月，这样听起来比 3 年短），让你的企业起步，并进入比较稳定的状态。

或许对于我们而言，抛诸身后的安逸生活可能会害惨我们，但最终正是这种追求让我们没日没夜、不惧重重困难地创办企业。我们真切地体会到我们别无选择。我能够看到自己还是一名夜总会员工的时候每天如何一点点地走向死亡，就像温水煮青蛙一样。尽管莉萨拥有一份受人尊重的职业，作为警官的她每天都在为社会做贡献，但她还是常常感觉不满意，并且渴望有一条更有意义的表达途径，以此改善我们以及周围人的生活。

## 营利还是非营利？

想要解决某个社会问题，你的确不必创建一家企业：有人加入了和平队（Peace Corps）或无国界医生组织（Doctors without Borders），有人加入了塞拉俱乐部（Sierra Club）、自然保护协会（The Nature Conservancy）、饥饿儿童救济会（Feed the Children）、赈饥美国组织（Feeding America）、绿色儿童基金会（The Green Children Foundation）或其他慈善组织做志愿者。社会非常需要有人这样做，但还是有人指出他们的这种行为多少有些自私，这种行为应当由以利润为终极目标的营利企业模式所取代。我们不愿意有人贬低这种想法，但这的确是一个重要贡献。

旅途康复中心源自于我们内心的一个渴望，那就是创造一个维系生命的环境，既能让我们做一些帮助他人的重要事情，又能让我们得以谋生。但是，这并不是说志愿者和非营利组织的付出没有价值。

不过，我们仍然认为，渴望回报社会或解决社会问题不必非要借助于非营利组织或非政府组织（NGO）。就像我们一样，很多人发现提供服务和赚钱的渴望不再是相互排斥的，在很多情况下，随着岁月的流逝，采用营利模式可以让服务更持久，而且影响更大。通过拥有一家营利企业，我们可以拓展生意，做出更多的响应，为更多的人提供他们所需要的服务，并且通过在设有很少限制措施的自由市场更容易地向慈善机构捐款。

有一个人相信这种假设，他就是迈克尔·霍尔索斯（Michael Holthouse）。他是得克萨斯州的慈善家和资深创业家，派拉网络公司（Paranet Inc.）的创始人和总裁，还是《公司》杂志（Inc. Magazine）评出的"年度创业家"和两次"增长速度最快的500家公司"获得者。在1997年将派拉公司出售给斯普林特公司（Sprint）之后，霍尔索斯将其精力和财力投入到慈善项目——霍尔索斯儿童基金和为生活做好准备（Prepared 4 Life）上。霍尔索斯儿童基金把重点放在对高危青年进行亲社会和体验性的项目；"为生活做好准备"是一个非营利组织，它开展了柠檬水日（Lemonade Day），这是一个体验性的社区活动，旨在培养生活技能，并且通过摆柠檬水摊教会年轻人创业的技巧和价值观。

"社会上有很多符合501（c）(3)[①]条款的慈善或公益组织，目前它们已经偏离了这种模式，即声称'我在做有利于世界的事情，但我必须求助于基金会，从它们那里得到钱，这样才能继续做我正在做的事情'，"霍尔索斯说，"但那种模式早已过时了，它不会持续多久。每个想解决社会问题的群体或组织必须要像真正的企业一样经营。他们的经营必须有预算、收入及其所提供的服务，而且不会把利润分配给股东，而是重新投入到组织运营中，以便扩大其服务对象的数量，或者改进服务质量。"

克里斯廷·赫尔希（R. Christine Hershey）是赫尔希公益（Hershey Cause）的总裁和创始人，他认为社会企业家有共同的性格特点，不必急着加以区分，社会企业家没有解决世界上最大问题的原因之一是处于这一行业的人没有得到足够的资金。

奥巴马政府已经将世界食品安全设定为其外交政策计划的当务之急，但并没有依靠非政府组织来处理这一问题，而是一致认为营利组织会让这一切发生改变。

技术服务（TechnoServe）是华盛顿特区的一个非政府组织，它向第三世界国家的企业提供商业运作方面的援助，从而帮助这些企业摆脱贫穷，而嘉吉公司（Cargill）则是一家综合农业企业，当技术服务组织和嘉吉公司参与到融资、管理和企业发展支持之后，莫桑比克那家养殖场饲养的家禽质量大为提升，而且还创造了就业岗位，提高了农民的收入，最终提高了家禽的质量，使得嘉吉公司可以将它们销售出去，反过来又使它实现了经济效益和社会效益的双丰收。追求利润的动机变成了农场主、企业和消费者三方共赢的事情，

---

[①] 501（c）(3)是美国税法的一个条款——志愿者组织免税。该条款是给宗教、慈善、教育等组织以免税待遇，主要有两种：一是组织无需缴纳所得税；二是捐赠者将钱捐赠给C3组织，捐赠的钱数将从个人所得税中扣减。企业也有减税待遇，如果捐赠给美国慈善机构，公司也可减税，这是为了鼓励个人和企业向C3组织捐赠。——编者注

最终完成了争取世界食品安全的一项重大举措。

在开始建立旅途康复中心时，我们考虑最多的是如何经营这家企业。我们决定将它作为真正创造收入的企业来经营，如此一来，我们就可以持续投资，并向我们的客户提供最优质的服务和治疗。我们怎么能期望优秀的戒瘾顾问和医生从繁忙的职业工作中慷慨地抽出时间以志愿者的身份加入到非营利组织中呢？

在社会企业化经营的讨论当中，兼顾经济、社会和生态的理念频繁出现。这种三方面都兼顾的模式通常简称为3P，即人（People）、地球（Planet）和利润（Profit）。社会企业家渴望实现这种兼顾：达成社会使命，造福地球或保护地球，并且仍能赚取利润。

至于我们，我们的三兼顾变形为"社会价值、利润和自由"，即提供社会价值，创造能够让我们坚持做下去的利润，获得戒瘾和摆脱破坏性生活方式之后的自由，不仅为我们自己，而且也为了我们所治疗的那些人。我们实现了从雇员、企业主并且最终到投资者这一身份的转变，并从中学到了很多东西，最终实现财务自由。

"社会资本家"这个词可能暗含着"我们满脑子是钱"的意思，因为我们赞成富爸爸的致富哲学，为了增加财富，我们可能会让其他人受穷，从而实现自己的资本化。

说实话，如果钱是我们的创业动机，我还不如待在夜总会里。它的确能够让我过上一种宽裕的生活，那样我可以接爸爸的班，继续经营，并把它扩大成一家非常成功的夜总会。莉萨和我是旅途康复中心的志愿者，我们从来没有从公司里领过一分钱的工资。

从第一天开始，我们就不断地将赚来的钱再投进公司，以改进、扩大和提高服务。我们建立了一部免费拨打的24小时戒瘾热线，并交由一个呼叫中心管理，呼叫中心每周7天值班，不管打电话的人是否向旅途康复中心寻求治疗，只要是寻求有关戒瘾方面的建议或资源的电话，他们都会接听。

在帮助社会的同时，企业确实是有利可图的。事实上，全球发展趋势也似乎表明，这种做法可能更可取。

---

**熟读深思**

你如何定性自己跟金钱的关系？你会因为没有足够的钱而诅咒它吗？你会贬低有钱人吗？金钱观只是一种观念。如果你改变了对金钱的看法，你就能改变跟它的关系。金钱的目的是为你服务，而不是让你为它服务。

---

# 第三章
# 蓬勃发展的社会企业家运动

我认为新近对社会企业化经营的关注是实用主义和理想主义并存的表达。一定程度上它是由失望的理想主义者推动的,这些人对大型政府项目解决社会问题的能力大失所望。

——格雷戈里·迪斯,《社会企业化经营的过去、现在和未来》
(*The Past, Present, and Future of Social Entrepreneurship*)

2001年春天,克里斯托弗·富克斯(Christopher Fuchs)和泽维尔·赫尔格森(F. Xavier Helgesen)从美国圣母大学(Notre Dame)毕业,分别获得了机械工程和信息系统的学位,正盘算着接下来要干什么。当时,互联网泡沫刚刚破裂,如果要创业打拼的话,前景似乎相当暗淡。

与此同时,富克斯环顾他与泽维尔和另外一名大学生合住的公寓,对他们三人积累的很多现在已经没用的旧教材大伤脑筋,现在它们就堆放在角落里。它们的确有价值,当初他可是花了不少钱买来的,现在已经不可能把它们再卖回到校园书店去。但若想收回它们的实际价值，机会渺茫，但富克斯知道新兴的网络市场提供了这种可能性。

富克斯回忆说："泽维尔告诉我有关'Half.com'的事，确实，我把书卖了出去，每本大约卖 20～30 美元，否则，这些书就只能当作垃圾处理了，有时还会烧掉，这正是我认识的很多学生感到沮丧时要做的事。"

结果，富克斯卖掉了自己的书，赚了差不多 400 美元，泽维尔也用他自己的书和室友的书取得了差不多的战绩。如果他们也能从校园里收集旧书并卖掉它们的话，情况会怎样，它会变成一种生意吗？

"我们跟在罗宾逊社区学习中心工作的一位朋友谈及此事，了解到他们正在筹集资金，以便开展课外阅读项目，"富克斯说，"我们提出一个想法，那就是如果学生同意把废旧图书交给我们，跟我们开展合作，我们肯定会用它们做善事的。"

他们把这一想法告诉了学习中心的主任杰伊（Jay）。杰伊提出了自己的建议：富克斯和泽维尔负责旧书的收集、储存和销售，然后，将收入与学习中心平分。2001 年冬天，富克斯和泽维尔就开始募捐旧书活动，在校园四处策略性地张贴广告，半年内他们共收集了大约 2500 本书。

"整个暑假的大部分时间我们都在干这事，"富克斯说，"暑期我会做家教，并旁听几门课程，因为我打算重回医学院进修。泽维尔正在几个国家旅游。因此，开列书目、存放图书并出售花费了我们大量的时间，基本上占据了我们暑期打零工的全部时间。我永远不会忘记我是如何尝试了四五次才把书一摞一摞地排好，又把亚马逊网站上的货品展示弄好，长话短说，最后我将 2100 多本书上了架。几分钟之后，我收到了一封订购图书的电子邮件，我走到存货系统标注的那个书架，抽出那本书，跑向我的住所，告诉新室友我卖出了一本书。当我返回时，我已经卖出10本以上。那一周送书的具体情况记不清了。"

暑期结束时，富克斯和泽维尔在一个月内卖掉了2万美元的书，同时把其中的1万美元送给罗宾逊社区学习中心。

现在看来它真的可以成为一种生意。成功让他们备受鼓舞，这事有可能产生的潜在影响也让他们感到兴奋，这种影响不仅表现在他们自己和罗宾逊社区学习中心的收入，而且还表现在培养人们读写能力的公益事业上。于是，在同学杰夫·库兹曼（Jeff Kurtzman）的帮助下，富克斯和泽维尔起草了一份商业计划书。2003年4月，三位创始人将他们的计划书提交给圣母大学的商业计划竞赛（BPCs），结果赢得了"最佳社会创业奖"的第一名，并获得了7000美元奖金。他们以此为本钱创业了，"读书以求更好的生活"（Book Drives for Better Lives）在全美的校园里变成了现实。

"那2万美元让我们备受赞誉，而且信心大增，"富克斯回忆道，"公司创建后的头几年，我们资金严重不足，那7000美元帮了我们大忙。"

那次比赛还为那些年轻人做了另外一件事，让他们结识了裁判戴维·墨菲（David Murphy），他是一位值得信任的指导者和辅导老师，他可以针对企业发展提供非常有用的建议。他们邀请墨菲加入自己的团队，担任首席执行官。2004年，墨菲正式上任。

富克斯、泽维尔和杰夫介绍了几个人到企业帮忙，使得该公司在大学校园里迅速扩展开来。他们还通过向非洲赠书协会（Books for Africa）提供书籍以支持全球扫除文盲的活动，让这些国家的学校获得所需的教材。

后来，泽维尔发现全国各地的图书馆都在致力于解决一个永久性的难题。显然，当新的流行书籍出版并添加到图书馆的书目清单之后，图书馆常常要为它们腾出书架，无奈之下就会舍弃旧的馆藏图书。富克斯说："图书馆的工作人员告诉我们，他们会在半夜的时候把书扔到垃圾箱里，因为图书馆没有地方存放它们了。"

　　他们意识到要与图书馆合作，收集那里打算丢弃的旧书，将有用的书和销售收入捐献给世界各地致力于扫除文盲的组织。现在他们有自己的"三兼顾"了，他们支持了扫除文盲的公益事业（人），让有价值的书不再被当成垃圾填埋（地球），并且利用这个能提供公平分享和富有竞争力福利的商业模式筹集到资金（利润）。

　　2003年9月，他们的公司注册为美好世界书店（Better World Books），它成为业内第一家使用碳平衡购物车（Carbon Neutral Shopping Cart）的企业。顾客每次结账时它都会积攒几分钱，用于支付可再生能源配额和重新造林计划。

　　虽然公司增长迅速，现在已有130名员工，而且还有200多万册新书和二手书等待出售，但它仍然坚守着当初的使命：收集人们不要的旧书，销售之后再用所得的收入促进世界范围内的扫盲运动。尽管美好世界书店已经与各地大约1000座图书馆建立了伙伴关系，销售它们的旧书，然后返还一定比例的收入，大量的书籍还是不断地从全美国1200多所大学校园涌来。全国各地的社区里安装了绿色的旧书捐赠小箱，收集人们愿意舍弃的所有书籍，而无法出售的就会被回收。每周收集的书籍大约有40万至50万册，经过美好世界书店设在印第安纳州米沙沃卡的大型运营中心的处理，借助非洲赠书协会和饥饿儿童救济会的渠道，它们每年要向非洲各地的学校送去约500万册图书。

　　"我们的网站每售出一本书，我们就会捐出一本书，这是我们的承诺，"富克斯解释道，"当我们销售图书时，它就能让我们持续经营下去；为了维持正常运营，我们要承担运输、处理和其他的所有费用。"

据富克斯讲，2011年11月，美好世界书店抵达一个重要的里程碑，因为自从公司创立伊始，它已经为扫盲组织和图书馆筹集了1000万美元。"我们正在寻找另外的途径把我们拥有的大量好书送到买不起或接触不到它们的人手中。"

美好世界书店的商业模式已经赢得了很多奖励和嘉奖，包括2008年《快公司》和摩立特集团（Monitor Group）社会企业家奖、2009年《商业周刊》的年度最具发展前景的社会创业家、《时代》杂志2009年（美国）25名责任先锋之一、环境保护署美国有害物减量计划2009年纸张减少金奖和2010年气候改变金奖、2010年《互联网零售商》顶级网络零售商、商业内幕网站数字100的第96名、2010年世界最具价值新创企业、2012年公益实验室（B Lab）6位"新经济摇滚之星"之一和2012年公益实验室公益公司年度报告"最益于世界"的20佳公司之一。

**社会企业经营浪潮**

今天，美好世界书店被看作是社会企业化经营领域的主要参与者之一，它赶上了潮流。但是，正如富克斯很快指出的那样，"人们已经认识到我们是领先的社会企业之一，而我们却对自己所产生的影响一无所知。我们真正知道的是我们可以让书充分发挥余热，并因此让某些人受益。"

我们最初并未打算涉足社会企业这一领域，因为它是一个时髦的新事物，而且很多公司都在一窝蜂地搭这一班车。我们的导师克里斯·斯潘塞在他的治疗中心成立时也没打算这样做。"我曾经是一家饭店的老板,"他在描述自己创建斯潘塞康复中心的动力时说,"由于跟我关系很近的一个人得了精神性疾病,我决定建立一家服务中心,帮助那些患有精神性疾病的人。我开发出'河流社区'来帮助需要进行双重诊断的患者,治疗他们的毒瘾和精神性疾病,并提供住宿。"在斯潘塞意识到精神性疾病和成瘾之间的密切关系后不久,斯潘塞康复中心就开门营业了。

在某一时刻,斯潘塞一心想要将中心变成一个非营利实体,目的是在通过媒体继续提高人们对酒精和毒品滥用认识的同时,向需要接受治疗的人提供负担得起的治疗方案。然而,现在的情况是,营利模式反而让他具备了提供更有价值服务的能力。

"我认为,如果你做的事情能赚钱,而且能更快地赚钱,那就更容易积聚大量的资源。"泽维尔·赫尔格森说,为了与其他公益型的企业家一起将创业之火烧得更旺,去年他更多的是担任美好世界书店的顾问角色。"非营利模式不具备快速成长和筹集资金的能力。采用营利模式,你就有了快速成长的力量。你必须有创造性,并且决定如何实现利润的最大化。我倾向于开办利润最大化的企业,使得做慈善成为一种自然而然的副产品。我认为更要紧的是找到你真正想做的事情,弄清楚是否可以通过它来赚钱。如果不能,那就创办一个非营利组织,能够筹集慈善资金那也很不错。但我认为这个世界上最大的社会企业可能是谷歌(Google),因其自身的存在,而且绝对实现了利润最大化,社会企业才得以改善世界。"

至少在上世纪,做慈善和赚大钱就已经在携手并肩发挥着作用,似乎只在最近10年左右它才真正火起来,这大概是因为出现了像美好世界书店这样的公司。在媒体和因特网的助力下,它们获得了令人难以置信的能量,得以与大众分享它们的故事。

不过,最早的社会企业家是以下这些人:带头发起争取妇女权益的斗争，使得宪法第 19 条修正案赋予了妇女选举权的苏珊·安东尼（Susan B. Anthony）；自然主义者、保护主义者和作家约翰·缪尔（John Muir），他发起了保护约塞米蒂国家公园的斗争，帮助建立了国家公园体系和塞拉俱乐部；在儿童教育方面开创了蒙氏教育的玛丽亚·蒙台梭利（Maria Montessori）博士；被誉为近代护理创始人的罗伦斯·南丁格尔（Florence Nightingale）；计划生育运动的领导者玛格丽特·桑格（Margaret Sanger），她创立了美国计划生育基金会；被誉为美国景观建筑学之父的弗雷德里克·劳·奥姆斯特德（Frederick Law Olmstead）。

---

提供部分解决方案或承担社会责任可以体现为参与一部分企业经营或管理整个企业，甚至还可以当成是一种爱好。找到你喜欢做的事情，看看如何使之有利可图，以此回馈企业，这是你目前所需要做的事情。由于很多人对政府失去了信心，该是个人找到能让自己热情投入的事情，并发挥作用的时候了。

---

今天，某些最显著、颇具创新且受人喜爱的商人和公司都是具有社会责任感的，比如汤姆斯布鞋实行的是"卖一双捐一双"的商业模式，即每新卖出一双鞋，公司就会给需要的孩子捐赠一双鞋；户外服装零售商巴塔哥尼亚（Patagonia）积极地保护和监控环境；奥德瓦拉（Odwalla）拥有环保且就地取材制作的果汁和果汁吧，使得该公司能够向许多组织进行慈善捐款；本杰瑞（Ben & Jerry's）是优质冰淇淋制造商，它广泛赞助了环保及人道主义方面的公益事业，并促进当地种植业的发展。

社会企业化经营的悠久传统似乎总是源自对现状的强烈不满，

他们不仅是具有"事情应该更好"这样想法的人,还是能够让事情变得更好的人。对我们来说,情况确实如此。

或许这就是"社会企业化经营"作为一个概念和商业模式在最近十年以惊人的速度广为人知的原因:我们逐渐对政府解决问题的能力低下感到失望,并且对过去一如既往的问题解决原则不再抱希望,那些原则导致了华尔街的腐败,最终导致了大萧条,有可能会让美国例外论从此哑口无言。

在瑞士信贷研究所的《为影响而投资》报告中,施瓦布基金会(Schwab Foundation)的凯瑟琳·米利根(Katherine Milligan)写道:"过去十年来,社会企业化经营已经从小众变成了主流。"

米利根引用了下述内容作为这种向主流发展的证据:

• 欧盟最近发起了社会企业行动(Social Business Initiative),以促进这一行业的发展。

• 加利福尼亚和纽约等州通过立法认可承担社会使命的企业(公益公司)具有特殊的法律地位。

• 公益实验室是公益公司的认证机构,公益公司的身份由公益实验室授予,由它来证明企业是否达到符合社会和环境总体成效的标准,从而得到公益实验室提供的服务和支持组合。(摘自公益实验室网站)

• 在施瓦布基金会大约有200家社会企业。2011年,世界经济论坛发起了一个全球杰出青年社区(Global Shapers),成员包括20多岁的创业家和领导人,由他们在世界各地150多个城市组建分社区。作为今年在达沃斯出席世界经济论坛年会的70位全球杰出青年之一,米丽亚姆·舍宁指出,他们中有40%的人声称将要创办社会企业。我们已经走得很远了,十年之前我们还不知道它是什么。现在这些被看作是世界上最活跃和最聪明的人才自己称呼自己为"社会企业家"。

- 投资者开始欣赏社会企业模式,一种新型投资资本涌现出来,它被称作"具有社会影响力的投资",仅仅在最近几年里,就已经有200多个影响力投资基金获得了注册。根据2011年《美国新闻和世界报道》的文章《工商管理硕士课程投资社会公益》介绍,预期这一投资业务将在2014年增至5000亿美元。

教育共同体也开始接受社会企业创业,把它当成工商管理专业学生一条可行的职业道路。美国顶级的商学院都设立了社会企业创业、社会创新或社会企业管理方面的中心或项目,其中就包括哈佛商学院、斯坦福大学商学院、康奈尔大学约翰逊管理学院、西北大学凯洛格管理学院、杜克大学富库商学院、耶鲁大学管理学院和牛津大学赛德商学院。

2012年3月,《纽约时报》记者凯文·鲁斯(Kevin Roose)在其《华尔街最近的校园招聘危机》报道中称:商学院学生对将自己的才能贡献给高盛或摩根大通等大型金融公司失去兴趣。随着经济衰退的到来以及大量公司丑闻的曝光,这些大型金融公司开始被人们视为腐败或不负责任的公司。2008年,哈佛大学毕业生中有28%进入了金融行业,而到了2011年,这一比例下降到了17%。

鲁斯写道:"去年秋天,耶鲁大学和哈佛大学的抗议人群站在银行招聘会外面,高喊口号,手持标语抗议银行的投机行为。"

同时,随着这些金融巨头一波又一波地裁员和降薪,聪明的商学院学生们意识到:在银行上班已经不再是最令人期望的职业了。他们转向突然出现的"全球网络影响"(Net Impact)这样的拥有改变世界想法的组织,他们可以将这种想法应用于非营利组织、社会企业或积极开展企业社会责任(CSR)活动的公司工作中。

全球网络影响是美国旧金山一家符合501(c)(3)条款的非营

利组织，下设300多家由志愿者领导的分布在世界各地的分社，它是一个由3万多人组成的社区，其中包括学生、执行官、社会企业家和中层管理人员，以及其他寻求服务于三兼顾原则的变革制造者。"几个来自不同商学院的朋友不想只是盯着如何赚钱，虽然赚钱是目前MBA被灌输最多的关键概念，"全球网络影响的首席执行官利兹·莫（Liz Maw）解释道，"这些人认为他们正在培养的商业技巧可以而且应当不仅仅用于为股东创造利润，也应当用于满足支持人、地球和利润的三兼顾原则。他们中的主要人员聚在一起，彼此提供支持和交流创意，并向其他校园发出邀请，最终大约有100名同样也对负责任的社会企业感兴趣的学生相聚于乔治城大学。这是全球网络影响的首场会议。"

通过各地分社开展的活动和年度会议，全球网络影响将其成员联结在一起，并引导他们选择具有影响力的职业机会，其学生成员则通过商业计划竞赛磨炼自身的商业技能。全球网络影响为成员提供大量的服务机会，以便让他们将商业技能用于改变当地社会和环境。

全球网络影响的年度出版物是《非比寻常的企业》（*Business as UNusual*），它针对提供与影响力有关的职业培训方面的商业硕士学位课程进行相关评论，并反映社会责任感的转变。全球网络影响的高级内容经理杰斯·桑德（Jess Sand）说："在我们出版《非比寻常的企业》的5年中，这一特色课程的销售数量增长了194%，增幅巨大，这表明在具有商业头脑的学生那里，这些问题已经成为主流。"

与之相似的另一个组织是重新就业（ReWork），它安排年轻的专业人士直接进入"破坏性"的、改变世界的组织，包括非营利组织和社会企业。在这里，年轻人的才华才能真正发挥作用。

重新就业的共同创始人纳撒尼尔·科洛茨（Nathaniel Koloc）

说:"我曾经说过,60%~70%的人感觉他们的工作缺少了什么东西。"他的这句话见于2012年3月Co. Exist网站发表的一篇名为《如何发现有意义的工作》的文章中,这个网站是《快公司》关注社会责任感的网站。

科洛茨说:"我不知道十年前有多少公司能在收入、可行性、意义和工作价值之间取得平衡。"

真实的情况是,目前大多数人感觉不到工作带来的快乐感。世界大型企业联合会(Conference Board)研究小组发现:2010年,在接受调查的5000名工人中,只有51%的人认为他们的工作有趣,只有45%的人对他们的工作感到满意。这一调查结果创下了该研究22年以来的最低纪录。

2009年,米切尔·马克森(Mitchell Markson)在《赫芬顿邮报》(*The Huffington Post*)上发表了一篇标题为《社会目标获得了新的社会地位》的文章,文中指出:70%的人喜欢住在一个对生态环境无害的房子里,而不是仅仅住在一个大房子里……68%的人感觉越来越不能接受他们所在的社区毫无作为,找不到它们对环境或健康生活方式的关注。

在全球接受调查的人当中,64%的人声称他们会推荐支持慈善事业的品牌,63%的人正在寻找更易于让他们产生影响的品牌或公司。

"当今的人们期待参与到积极的社会变革当中,"马克森写道,"而且他们期待自己支持的企业也能不断地将它辛苦挣来的钱投入其中。在这些期望达成之处,我们的世界就会呈现繁荣的景象——人和品牌之间建立起真正而持久的伙伴关系,并且彼此受益。"

"有趣的是,当今世界,年轻人确实具有社会责任感和环保意识,他们通常不想待在产生消极贡献的企业里,"泽维尔·赫尔格森说,

"社会企业化经营是集致富、创造就业岗位和慈善于一体的商业模式。在创业家看来,尤甚是年轻的创业者觉得这是一个令人心动的想法。"

著名的心理咨询师乔恩·卡森(Jon Carson)教授推测社会企业其实是在9·11事件发生之后开始流行的。卡森是慈善拍卖网(BiddingForGood.com)的首席执行官和董事会主席,这是一家做慈善的电子商务公司,它将筹资者、有公益心的店主和具有社会责任感的企业通过网上拍卖联系在一起。卡森称:为慈善而竞价的网站每月大约有100万的访问量,这使得它比从事这一行业的任何组织都要大3倍左右,其中就包括eBay网。另外,历经10年的发展,慈善拍卖网是坚持做慈善时间最长的网站。

基于在建立和发展追求社会目标的营利企业领域摸爬滚打了20年的经验,卡森指出:社会企业确实是在9·11之后获得了显著的增长。科恩通讯(Cone Communications)是一家真正创造出公益营销的广告代理公司,它与消费者调查机构洛普(Roper)一起做了一次调查。他们提出的问题是:"假如所有的条件都相同,你有多大的可能性会将一个品牌转变成致力于公益事业的公司?"奇妙之处在于,这个调查每年都会进行一次,而到了2001年,也就在9·11刚刚发生之后,同意转变的人数突增。之后,它才继续缓慢地上升。

卡森指出:9·11让人们看到了这个世界有多么地脆弱,我们活在这个世界上的时间是多么地短暂,因此,许多人决定充分利用时间来做慈善。"自从2008年以来确实获得了发展,"卡森说,"现在感觉我们这个世界仍有很多事情进行得不是很顺利。不管你指的是气候变化指数、结构性失业,还是政治制度的崩溃……大量的系统失灵了。人们从各个层面考虑这些问题,一些人甚至声称他们想要这个世界变得更好。"

杰斯·桑德为全球网络影响写了一篇文章，题目为《追踪影响力 MBA 的兴起》，其中他引用了杜兰大学利维和罗森布拉姆创业研究所所长莉娜·阿尔菲里·斯特恩（Lina Alfieri Stern）的话。斯特恩说："随着失业形势的日益严峻，年轻人逐渐意识到公司未必能很好地照顾他们，他们需要创造属于自己的机会……因此，很大程度上，该项目的崛起是由确实怀揣更多梦想的学生自下而上地促进……因为因特网的出现，我们得以与世界其他地方有了更多的接触，对其他人的苦难有了更多的了解，对于我们这个世界固有的问题更加清楚。而学生们正是要寻找解决这些问题的方案。"

卡森说：有越来越多千禧年一代从事此项工作，调查揭示了在他们的工作中寻求社会使命的趋势更加明显。"这一代人伴随着 9·11 和经济衰退长大，因特网也在他们的生活中经常出现。他们看待世界的角度有所不同，他们想对自己生活的世界产生更多的社会影响，并且更加看重工作和家庭的平衡。"

### 榜样的力量

2012 年 3 月，在为《赫芬顿邮报》撰写的专栏中，乔恩·卡森写道："发展社会企业的气候已经成熟，它们在对社会福利做出巨大贡献的同时，自身还能有利可图。"它并不只是等待解决方案却苦等不到的那些人的事，它也是尽其所能维持生存的那些企业的事。许多企业在经济衰退中遭受了巨大的损失，与此同时，技术的变革改变了人们经营企业的方式。旧的方式不再奏效，创新才是生存的根本。卡森还写道："特别是在经济衰退之后，未来取得成功的将是那些将社会使命嵌入商业模式的企业。"

戴维·墨菲是美好世界书店的前首席执行官，富克斯和泽维尔曾经把他当成自己的导师,他指出"转而采用企业的形式解决社会问题"是符合逻辑的。

"经济可分为三部分,非营利组织、政府管理的企业和私营企业,"墨菲说,"在这个蛋糕中,私营企业占到了2/3。因此,在全国性的争论中,我们听到政府说的最多的是削减开支和赤字,面对日益增多的社会问题和环境挑战,年轻人说:'我们不能只是指望政府和非营利组织来解决问题。它们囊中羞涩,总是没有钱雇用最优秀的人才来为他们工作。'因此,那些人会说:'私营企业怎么样?它们的钱最多,人才最多,为什么不直接让它们来解决呢?'"

墨菲说:在这种背景下,它也促使我们看到了些许成功的案例。现在,像巴塔哥尼亚、星巴克、汤姆斯布鞋、格莱珉银行、美好世界书店和公益实验室这样的公司就是很好的例子,它们让我们看到私营企业能够做什么。对许多有抱负的社会企业家来说,熟悉社会企业化经营模式的导师队伍也在稳定增长,而且支持这一模式的人数也在逐渐增加。

我们深知,在计划开办企业的初期,我们遇到了良师:在成瘾康复和戒酒领域有斯潘塞;而乔希的父亲则给我们以鼓励,从他身上我们学会了无论面对何种困难都要继续前进,勤奋工作;还有罗伯特·清崎提供的财商教育,使得我们下一步的工作变得切实可行,并掌握收入与支出、资产与负债的知识。在以上方面他们为我们树立了榜样,他们是我们的首批老师,其指导意见和支持的话语成为我们成功的关键所在。

---

### 熟读深思

政府并不是为了向人们提供资金支持而设立的,而是旨在制定保护创业的法律。企业的目的是提供就业岗位、商品和服务,从而为国内生产总值添砖加瓦,并为人类社会和经济世界创造价值。

# 第四章
# 师者，无处不在

社会企业家不满足于只是授人以鱼或授人以渔。不对"捕捞业"带来一场革命他们是不会罢休的。

——比尔·德雷顿（Bill Drayton），阿育王创新者（Ashoka Innovators）的创立者和首席执行官

2007年，迈克尔·霍尔索斯10岁的女儿丽萨（Lissa）问父亲她是否可以养一只宠物龟。因为她已经拥有好几只宠物了，霍尔索斯快速地回了她一句"不行"，口气严厉。第二天，由于从具有创业精神的父亲那里得到启示，丽萨问父亲她是否可以摆一个柠檬水摊。霍尔索斯不知道的是，柠檬水摊与她渴望的宠物龟存在着直接的关联。丽萨已经决定要利用从摆柠檬水摊中赚的钱为自己买一只宠物龟。这一经历激起霍尔索斯的一个创意，那就是把美国儿童这个简单的娱乐活动用作教年轻人创业的一种方式。

霍尔索斯是一位成功的创业家。十年前，当他将自己的计算机网络服务公司卖给斯普林特公司后，他就成了一个千万富翁。他用

一年的时间针对青春期孩子探索试验了的多种项目，试图找到一种回报社会的方式。他周游美国各地，与各类组织交流，向组织领导人提出问题，并且评价各种环境因素。基于这些经验，他培育出"为生活做好准备"这个非营利组织，安排年轻人开展大量的课余活动。

---

当我们的孩子想要什么东西时，我们常常问他们："你打算如何把它们创造出来呢？"这会促使他们做出创造性的行为。不要一味地他们想要什么就给他们买什么，而是问他们上述问题，这会让他们形成创业意识：从需求中发现商机，创办某种形式的"企业"，或出售他们创造出来的物品。

---

"这就是我，一个取得了一定成功的创业者，我从来没有花时间教女儿企业是如何运作的，"霍尔索斯回忆道，"它爆发于那种'恍然大悟'的时刻，原来它是能给无数年轻人带来非凡影响的事情。"

这正是柠檬水摊要做的事情。在父亲的指导下，丽萨跟一位朋友摆出柠檬水摊，赚到了足够的钱，买到了她想要的宠物龟。在这之后，"为生活做好准备"推出了柠檬水日，这是一个有趣的免费体验式学习项目，旨在教年轻人如何创立、拥有和经营一家企业。在柠檬水日，整个社区的小孩都会受到鼓励，摆出自己的水摊，积累有价值的创业经验。2007年，第一个柠檬水日始于得克萨斯州的休斯顿。截至2011年，该活动已在北美30多个城市相继开展。

这恰恰表明，你永远不会老到或经验多到不用学习新知识或尝试新事物。在我们周围到处是老师，甚至包括我们的孩子在内！只要我们准备倾听，他们随时愿意分享富有价值的课程。

### 心甘情愿做学生

常言道，时间就是一切。如果不是那一天，其他任何时候我们都可能会把罗伯特·清崎的有声读物扔到一旁，那样一来，只不过是爸爸送给我们的稀奇古怪的礼物堆里又新添了一件而已。但就在2001年12月的那天，在我们最需要听的时候，我们恰好接受了所需的课程。商界竟然还有罗伯特这么一位备受尊敬的领导者，他学习成绩并不好，却自学成才。还是小孩子时，他就被老师贴上了"笨蛋"的标签。然而，沿着适合自己的道路不断前进，他取得了非比寻常的成功。从这些音碟之中，我们听到他不断地重复说：我们不必按照既定的道路走到底。

事实上，我们听到他允许我们探索前进的道路。确切地说，他简直就是在催促我们，为了寻求自身的成功，要选择一条与众不同的道路。我们听到他说：决定我们能否成功的是终生的学习，而不是仅靠啃书本或考试得高分；我们听到他说：我们应有所选择，而不是遵循固定之轨，要选择走适合自己的道路。你在走自己的道路，还是走别人的道路呢？

在罗伯特所说的话中，真正触动我们的是这句：大多数人一生当中没有取得一点成就，原因是他们害怕失败；失败关乎我们如何学习，你失败得越早，你就能越快地走向成功。

正如我们前面所说的那样，如果不是那天，那个有声读物所讲的课程可能对我们没有任何的意义。但是就在那天，我们听到罗伯特说：我们不仅可以通过开辟一条新的道路而取得成功，而且失败也并非是什么可怕的事情。它们就像是最让我们受益的老师常说的话，恰好在我们理应听到这些话时出现了，感觉就像是罗伯特专门说给我们听的。

因此，我们才产生了创办康复中心这个想法。我们进行了大量的研究；我们获得了斯潘塞的支持，他是该领域的专家和实践者，他在康复中心跟我说过的那些充满魔力的话让我对我们的企业有了初步的构想；我们听到了罗伯特·清崎那令人难以置信的指导意见，它不仅启发了我们，还成为我们生活再造的催化剂；多谢斯潘塞，我们获得了一个真实版的创业指导手册，使我们得以满足开办第一家康复中心授权所需要的全部要求。不仅如此，我们内心深知：我们能够做成这件事，而且生活中的一切都会引领我们走向这一时刻。

这让我们悟到了最重要的建议之一，那就是：要时刻洞察老师的深刻见解和智慧。当他们有意提供帮助的时候，这些智慧就会渗透到你的生活当中，而如果你的眼睛真的睁开着，你的耳朵真的张开着，并且你提出了恰当的问题，他们就会教给你你想知道的东西。

请相信这一心灵感应，你不必是一位特殊的宗教人士或唯心主义者。只要思考一下下面这个新车的例子就能理解。

假设你想购买一辆新车，随意观看了很多车之后，有一款车吸引了你的眼球。它可能不是你此前曾经想要的那种车，那些车你从来没有看过第二眼，但今天你这样做了。它的颜色，它的价格，它的车身大小，你想这车的次数越多，它就似乎越对你的口味。

你要回家考虑一下那款车。在开车回家的路上，你超过了4辆你想要的那款车。事实上，第二天早晨，当你开车上班时，你又看到了3辆。突然之间，你到处都能看到那款车。你去上班，开始谈论你在汽车店的经历，一位同事告诉你，她恰好拥有同一款车。或许她丈夫或姐妹也有一辆。现在，你可以通过他们多少了解一些拥有这样一辆车感觉如何，以及他或她因此而快不快乐。

---

看看老师，甚至是周边让你感到沮丧的人，你从他们

身上可以吸取到哪些经验教训？他们说过什么事情是你无法做到的？你让它阻止了，还是被它鼓励？如果我们以开放的心态对待它，我们就能从每一个接触到的人身上学到东西。我们可能不会找他们当导师，不得不承认你是有可能从他们身上学到东西的。

---

在此，我们想说的是：当我们愿意学习时，课堂就会呈现在我们面前。当你提出正确的问题，并坦诚以对，你就会开始看到丰富的教材已经摆在那里。作为创业者，关键你要对课程永远保持开放的心态，这些课程会从你预想不到的地方冒出来，不只是当你开始创业时它们才存在，而是永远存在。总有更多的东西需要学习。

在很多方面，我们的举手投足开始像《阿甘正传》（Forrest Gump）中的男主角，汤姆·汉克斯（Tom Hanks）演活了这个头脑简单的男人，他只是跑，跟着感觉走，并听从信得过的朋友所说的充满智慧的话。我们开始做同样的事情。我们问自己所尊重的人"下一步该干什么"或者"你是怎么做成那件事的"。他们会把他们的经验传授给我们，我们也会听从他们的建议。

没错，这似乎简单至极，但有时最有影响力的课程确实很简单。我们接受的财商教育也是这样开始的。让我们感到吃惊的是，在我们遇到麻烦时，有那么多的成功人士愿意牺牲自己的宝贵时间，并且通过传授知识来帮助我们。当阿甘接受他人的建议时，他会用南方人那种慢吞吞拖长声调的说话方式说"好……吧"，这几乎就是我们所尊重的人给我们提建议时我们的所作所为。学武术的时候，师父教我的是：尊重师父的最好方式就是认真地听他讲，并将你学到的准则加以应用。简而言之，我们正是这样做的。我们克制住内心的恐惧投入工作，认真做好每一天，每次进步一点点。

值得一提的是，此处"尊重"这个词非常关键。需要寻找专业导师时，我们往往寻找那些在某领域获得成功的人士。我们咨询的人应该是被证明确实有经验的人，而不只是发表一下意见而已。人们经常犯的一个错误就是缘木求鱼——向不合适的人征求意见。我不会跟一个离过3次婚的人请教有关经营美满婚姻的建议，或者向一个员工打听如何成为一个创业家。要认真选择给你提供建议的人。

因此，当斯潘塞说"去佛罗里达吧"，或当罗伯特说"你必须改变你思维的外延"时，我们会说"好的！"因为我们尊重他们在各自领域取得的成就，然后我们会径直照办。确实就这么简单。我们愿意接受有可能一败涂地的结局，因为：

1. 此时我们感觉自己没有什么好失去的；
2. 失败是一种学习方式；
3. 我们的老师就在那里，而且已经亲身经历过，他们是活生生的教材。

甚至当他们的建议有时对我们无效时，那也没关系，因为通过这些尝试，我们了解了哪些是不奏效的，而且这种了解会帮助我们最终找到正确的道路。倾听他人的建议还可以让我们看到之前不曾想到的可能性，或者发现达成目标的新途径。我们越清醒，我们提出的解决方案就会越多。

寻求指导老师的建议还有另外一个理由：不为别的，重要的是让他们支持我们的梦想，不管你的梦想在别人看来有多么奇怪。赫尔希说自己虽有多年的创业经验，即便如此，她自己依旧在寻找导师，而且还通过指导创业者来回报社会。很高兴在创业路上有人与我做伴。我至今仍有几个导师，他们会在我需要帮助的时候给予鼓励。"

克瑞斯·富克斯和泽维尔·赫尔格森将他们的成功大多归功于戴维·墨菲在创业之初所给予的指导。富克斯说："得到一位在现金流和银行业务方面颇有经验的人的帮助是价值非凡的,没有戴维·墨菲,我们肯定无法取得今天这样的成绩。"他又补充道:"墨菲是多年以来他们请教的几位导师和顾问之一,另外还有杰夫·库兹曼,他在起草美好世界书店的第一份商业计划书时为他们提供了非常宝贵的意见。在管理团队时,导师是关键。你必须找到一个共同解决问题的人,找到一个可以与之交流想法的人,我们从一开始就得到了戴维的帮助,后来又扩大到好几个人。重要的是,他们不是你要汇报工作的对象。因此,在面对利害关系,尤甚是敏感问题时,你的心态会更开放,他们会坦率地提出自己的意见。"

### 筹钱并找到感觉

莉萨和我肯定需要一些坦率的建议。在创办企业和筹集资金方面,我们还有很多欠缺,为了学到所需要的东西,我们需要倾听一些来自其他老师的严厉批评。

在创业所需要的东西中,我们首先不具备的是办公用地。由于富爸爸讲授过被动收入和很多税收优惠方面的知识,我们希望购买一处不动产作为办公用地,而不是采用租赁的办法解决。但要做到这点,我们必须有钱才行,钱也是我们缺乏的。分别在夜总会和警察局辛苦打拼了10年之后,我们的"总资产"只有3万美元。

我们意识到:任何企业的成功都取决于对资金的理解,它如何发挥作用,如何流动,如何管理它,如何尊重它,以及如何使它增值。我们需要用钱将企业推向市场,以此吸引顾客;我们需要用钱支付员工工资;我们还需要用钱维持基本生活,以及培育刚刚建立起来的企业。有免费的志愿者固然很好,但我们知道,最好的顾问都会要报酬的,如果我们希望他们留下来,即使是那些最善良的志愿者会也如此。

不管我们的新企业如何成功,如果不懂得金钱的语言,我们就永远无法完满地达成我们的目标——将该治疗计划建成一个全球性、世界级的公益事业,从而实现真正的财务自由。

跟父亲一起吃饭时,我向他谈了我们的计划。当然,他对他送我们的礼物能有如此大的影响感到很兴奋。我们把建立毒瘾和酒瘾康复中心的愿望与他分享,也讲了斯潘塞向我们提供宝贵指导意见的故事:他邀请我们去佛罗里达,向我们敞开大门,将他的资源提供给我们,回答接二连三的问题,牺牲宝贵的时间,并把他的材料送给我们……

我屏住呼吸,试图参透他的表情:他会隔着桌子扑过来,拧我的脖子吗?他会笑着说我们精神不正常吗?他只是坦诚地看着我说:"儿子,如果有什么可以帮到你,只要是我能做的,让我知道,好吗?"

我对他没有太多的期待。他的认可对我们极其重要,我们真的认为这就足够了。

1519年,当探险家埃尔南·科尔特斯(Hernan Cortes)及其船员登陆墨西哥海岸时,当他听到有人大喊"烧掉那些船"时,他便下令烧掉船只,为的是堵住船员的退路并消除他们回家的诱惑,迫使大家投身于未知的世界。

好吧,我们也要破釜沉舟地大干一场。

在我们从康复中心回到家时就开始了,我看到莉萨在处理所有印有白酒品牌的镜子、玻璃器皿、杯垫和烈酒杯。她将这些物品装进了垃圾袋,又找出更多其他的东西,比如酿酒公司分发的T恤衫、帽子和各种背包。莉萨和我把这些东西看成是毒药,所以,我们把它们全部扔掉了。我们的家变成了避难所,所有能让我们想到夜总会的东西全部清除,除了我的工作衬衫,我暂时还要穿着它在夜总会里上班。

在将创业的消息透露给父亲并意外获得支持之后，莉萨和我立即开始着手撤出夜总会。2002年10月15日，我终于可以远离家族企业了。我也终于可以集中全部精力开办第一家旅途康复中心了。我常常一天要干18个小时。莉萨仍然留在警察局，她从未让人知道我们正在忙着开办自己的企业，她的工资则用于我们的基本生活开支，这意味着在我们的企业步入正轨之前，她还要在那里继续干下去。尽管怀孕让她筋疲力尽，她仍然会从晚上6点工作到早晨6点，每天值班12小时，然后回家跟我一起忙活开办企业的事。她的假期则全部用到了我们的新企业上。我们就像一个团队，为这一新的使命而献身。

我们破产了，身无分文。甚至就在我们开始之前，失败已赫然耸立在我们面前。但是，我们已经烧掉了船只，无论如何都无法回头了。毫不夸张地说，我们的处境已经到了生死攸关的时刻。

通过计算，我们发现：如果我们谨小慎微，存了足够的钱用于缴纳一处房地产的首付，将它用作康复中心的办公用地，我们大概需要25年才能开业。到那时，风早就把我们的船吹跑了。

在那段日子里，"罗伯特会怎么做"成了常挂在我们嘴边的一句话。我们一遍又一遍地播放那盘音碟，重新翻阅我们长长的笔记，直到我们偶然发现可以帮助我们渡过难关的三个富爸爸原则：

1. 投资多样化；
2. 免费干活；
3. 利用其他人的钱（OPM）。

---

我们采用了富爸爸"干好全职工作，并着手做兼职业务"的原则。在我照常上班时，我们开办了一项全职的公

益事业。这一年过得很艰难，直到我辞职之后才有好转。大多数创业者会在创业之初长时间地工作，追求所能够得到的报酬和所能够实现的成功。

---

我们遵照这个建议制订了一个理财计划。如果我们的钱放在一个账户中，花掉钱就十分容易，太有诱惑性。我们意识到开设独立银行账户的价值所在，开始实行一个将钱分成"三堆"的计划。

1. 储蓄；
2. 投资；
3. 捐赠。

在我们只有一人有收入时，这一计划的好处更加显而易见。每次莉萨领到工资，我们就会带着她的工资支票去银行兑换成现金，然后，我们会分一部分钱放进每一堆中，其余的则用于支付账单。如果我们还能剩下点零钱，我们会放入第四堆，这是一个新加的分类，我们称之为"让自己开心的钱"，这会让我们偶尔能花钱做些快乐的事情。除非打算每个月全额偿还账单；否则，我们不会刷信用卡消费。

时间不长，我们在每一堆都攒了足够的钱，这时就可以开设新的账户了。我们把这些账户叫作：

- 必不可少的钱（用于支付账单）
- 投资的钱（用于购买资产）
- 储备的钱（储蓄）
- 捐款（什一税）
- 让自己开心的钱
- 孩子用的钱（未来）
- 税款

这个体系让我们能够控制自己的收入，即便现金没有存放在账户中，我们也不会花掉。所挣的每一美元都会按照一定比例分配到各个账户。借助百分比，我们得以创立目标和衡量进展。

---

在此过程中，我们每个月都勤奋工作，而且会继续勤勉不殆。它帮助我们创造了我们想要的生活方式和获得财务自由所需要的行为准则。

---

我们遵循"投资多样化"制定了这一策略，我们称之为我们的"未雨绸缪系统"。虽然它需要很强的自律，花费一定的时间，而且必须保持耐心，但它却为我们的稳定生活打下了基础。以前，我们的生活开支占到我们收入的83%；今天，这项支出只占到32%（如今我们收入的55%进入了我们的投资账户）。通过分设银行账户，我们的账户余额在不断增加。

---

**熟读深思**

你已经准备好一个与之类似的计划了吗？你该怎么做才能实施这一策略呢？

---

在考虑如何利用别人的钱来实现我们的梦想之前，我们要先把自己的理财问题处理妥当。毕竟，如果我们连自己的钱都照管不好的话，怎能开口要求照管别人的钱呢？虽然当时我们的钱并不多，但我们对负责任地照管好自己的钱有了一种新感觉。这对维持我们的诚信至关重要，而诚信是找到钱进而实现我们的梦想所必不可少的。

接下来，我们该与银行接触，以便寻求商业贷款。我们对自己的财务状况充满自信，事实表明它是稳定的，而且我们对成瘾治疗业和目标市场进行过充分的调查研究，并花了几天的时间写出了一份详细的商业计划书，这足够让我们创立企业，并弥补我们在现金、信用和抵押品方面的缺乏和不足。我们确信：一旦信贷员看到我们的创业热情、对资产和负债的新理解以及我们所做的深入研究，事情就算搞定了！

是的，没错。我们准备好要开始一次新的学习体验了。

我们的态度是审慎乐观的。我们穿上最好的服装，拿着计划书走进银行，要求跟信贷员面谈。尽管我们试图随便谈谈，但信贷员却直截了当地问了我们两个问题：你们在哪里读的大学？你们当中有一位是治疗顾问吗？

显然，我们都没有在这一领域接受过正规的培训，而且我们的职业经验仅限于夜总会招待和执法工作。在了解了这一事实之后，他又转而核实我们的资产，那只不过是账户中的3万美元。

他建议我们去小企业管理局申请贷款项目，并且态度倨傲，抱歉地说他什么事情也为我们做不了，之后就跟我们说再见了。

我们感到灰心丧气，既生银行的气，也生我们自己的气。我们一遍又一遍地调整、修改商业计划书，并在推销用词上咬文嚼字，然后一家接一家地拜访银行，希望找到一个愿意在我们身上冒险的人。结果一个也没有找到。我们填好了小企业管理局的申请资料，认为这可能真的是最好的解决办法。但是，因为小企业管理局要求提供的材料跟银行的一样，我们提供的信息没能展示出我们的闪光点，也没有达到让他们考虑放贷的程度。我们仍然一无所获。

尽管如此，每次被拒都会让我们变得更加了解借贷情况。我们学会了银行所用的语言，知道了银行希望从我们这里听到些什么。从他们对我们的目标市场研究和理财计划的质疑声中，我们得到了一些反馈。失败可能是一个冷酷无情的老师，但毫无疑问，失败是最好的老师。

---

我们经历了一个很棒的过程，这过程未必是快乐的，但它却让我们实践了如何表达，以及如何做到精益求精。我们将自己的房子从资产一栏（银行的版本）中去掉了，并且告诉他们我们不认为它是资产。我们说那是他们的资产，不是我们的。显然他们不喜欢这种说法。虽然我们知道借贷要求会被拒绝，但是我们学会了在屡败屡战中寻找快乐。

---

在拜访了多家银行、填写了一摞摞的文件，而且屡遭拒绝之后，我们不得不承认被金融业打败了，开始考虑争取私人资金或基金捐赠者的善款。我们感觉肯定有一个人或一个组织在那里等着向急需帮助的美国人提供资金。但是，我们了解到的情况是，这些资金都有一些附加条件，有违于我们对自由的渴望。

向家人开口借钱真的很难，尤其是当莉萨彻底放弃稳定的警员工作，跟我下海经商，莉萨的妈妈必定拒绝接受这一计划。我们的几个亲戚压根就没有让我们购买一处像样的房子所需要的钱。

到了我向父亲征求一些意见的时候了。毕竟，他是白手起家，历经多年的打拼以后才成功地集到了开办多家夜总会所需要的资金，他就是我们在筹资方面要找的专家。我决定接受他的提议，希望他为我们提供一些帮助。

他没有资助钱给我们，我们也没有要求他给钱。相反，我邀请他跟我见面，一起吃顿饭。吃饭时，我给他讲了我们在银行方面遇到的挫折，以及因缺少资金而导致没人愿意借钱给我们。我告诉他："我感觉他们正在笑话我们。"

他指出银行可能真的是在笑话我们缺乏融资能力或管理企业的经验。思索了一会儿之后,他说他认识一位"隐富",可以引荐我们认识。这位有钱人是一位很有资信的投资者,非常愿意用自己的钱投资某些有前途的企业。

这正是我们想要的,我们要求爸爸安排一次与"隐富"的会面。

几天之后,爸爸打电话告诉我们他那位"财不外露"的朋友阿维(Arvis)会在第二天下午5点与我会面,他还特意叮嘱了一句:"带上你的商业计划书。"

我倒吸一口气:还要有一份专业的商业计划书?

我们没有这玩意儿,我们手里的不是真正的商业计划书,之前给银行看的只是罗列统计数字的报表,以及对打算开办的企业进行的简单描述。更糟糕的是,在我们在银行贷款上到处碰壁、遭遇巨大的失败之后,其中的大部分内容已经被我们撕掉了。

我们开始从互联网上搜寻如何编写商业计划书,找到了很多信息和资料,可这却满足不了我们在24小时之内起草一份真正的商业计划书的需求。给银行看计划书是一回事,但想到要把它给一位有钱的投资者看,这让我们感到格外有压力。我们深知自己在这方面缺乏经验,但当下的任务是攒出一份名副其实的商业计划书。我们在网上找到一份不太复杂的材料,并把它选为模板,开始通宵达旦地认真编写商业计划书。

我们尝试了15次才得到了一个比较满意的版本,然后,迅速在当地一家24小时营业的办公服务商店里打印,并装订成册。现在终于有了一份真正的商业计划书,我们着实喜欢在那天傍晚赶到博尔德(Boulder City)并将它递给阿维先生。由于是初次见面,我们决定由我和父亲去赴约,因为父亲跟他的那层关系,会让事情变得简单。莉萨待在家里,继续考虑选址和找房子的事。

---

在你将商业计划书呈送给潜在的投资者、合伙人之前，最好能够找专业人士审阅一下，并认真听取他们提出的诚恳建议，这总是好事一桩。事实上，我们的商业计划书是第200次起草，而且是第15次正式书写。

---

"阿维上了年纪，因此对他要有耐心，懂吗？他已经80多岁了。"父亲开车接我去见阿维先生时嘱咐我。

我向他保证我会做到的。只是一个临时邀约，他就愿意见我们，实在是太好了。但当我们将车停在一个活动房屋小区时，我心生怀疑。这肯定不对头，一个所谓"隐富"就住在这里？而且还是一个有资信的投资者？当时我还不知道阿维先生就是整个活动房屋小区的所有者，除了拥有几个这样的物业外，他在内华达和亚利桑那还有几家购物中心和仓储设施。

阿维先生戴着一顶蓝色的棒球帽，站在门口迎接我们，请我们到他的"办公室"——其实是一张摆满文件的餐桌。

"这么说，你需要钱？"他绕过了任何的闲聊和寒暄，直接问我。

"是的，先生。"我说道。这时我发现他眯着眼，以便把我看得更清楚。

"你需要多少钱？"他又问道。

他这一问让我为难了。在进行的所有计划、研究、每次去银行申请贷款，以及临阵磨枪彻夜编写商业计划书的过程中，我们竟忽视了这个问题：我们应该筹集多少钱呢？我可以说出一个数来，但谁知道它是太多了还是太少了，况且当时也不可能有支持者……不到1分钟，阿维先生就让我们泄气了。哇，他一定是一个有经验的投资老手。当时我已经意识到：尽管他年事已高，但在这种谈判中他可是一如既往地敏锐。

我瞠目结舌,能想到的唯一可做的事情就是把商业计划书递给他。他从我手里接过去,坐到他那把20世纪30年代的金属椅上,椅垫是黄白格相间的塑料材质,说实话很难看。他就坐那翻看了几页计划书,又扔给了我。"孩子,这个计划书很差劲。"他说,"你们走吧。"我看看爸爸,意思是说他这是在开玩笑吗,我看到父亲点了点头。这不是开玩笑。我们被要求离开这里。

我独自站在活动房屋外面,羞辱和沮丧笼罩着我,就这样度过了我人生中最漫长的20分钟。

最后,爸爸出来了,默默地走向我们的车。我们俩坐进车里一句话都没有说。他将车驶出活动房屋小区,朝家开去。最终,他先开口说话了。

"这次你学到了什么?"他问我。

我说我算知道阿维先生是一个性情古怪的人了,接着指责阿维先生和其他人不了解莉萨和我打算做企业的意图,也不理解我们要拯救生命,让患者与家人重新团聚在一起的初衷。

"欢迎回到现实世界。"他告诉我说。看到我一肚子气,他咯咯地笑了:"那现在你对这事有何打算?"

当时,我只想回家再发一通脾气。到家时,莉萨很热情地欢迎我,但我越想越生气:那家伙以为自己是什么人,竟然那样跟我说话。

在我讲这件事时,虽然发泄了对所遇不公的愤怒,但我发现我表达的仅仅是对自己的气恼。阿维先生是对的。我们确实没有准备好。我们只是把计划书所需的基本要素在最后一分钟里拼凑在了一起,而且还是参考的网上的一个模板。他只不过是实话实说。这个计划书确实糟糕。如果我们不能花时间写出一份像样的商业计划书,连我们自己也会认为这是在糊弄别人。我们凭什么让别人相信我们对此事是认真的呢？

几天之后，一切都平静了下来。莉萨和我再次从头开始编写商业计划书。我谦恭地要求爸爸能否再安排我们与阿维先生见一次面，而且我在一个半月的时间里都在致力于促成此事。在此期间，我们则继续将精力放在编写商业计划书上，并对此加以完善。我们考察了更多可以用作治疗中心的房地产，依然保持着我们的创业激情，并让商业计划书更加完善。我们不会让阿维先生或任何人因为这件事情而放慢我们创业的脚步。

很快我们意识到，在拉斯维加斯开设一家康复中心有点像在一家甜甜圈店里召开一次减肥者会议一样。毕竟，神志清醒的人谁会到这里来戒酒呢？如果他们初次来到拉斯维加斯，这里的灯红酒绿可能会让我们在飞机场就失去他们。这意味着康复中心只能为当地人提供服务，但要知道我们开的第一家康复中心是打算接待国际顾客的。我们不想只被当地市场所接纳。我们开始在邻近州寻找适合开展此项业务的最佳地点。加州的房地产价格高得吓人，康复中心和治疗中心也过度饱和，所以，这个地方对我们来说没有意义。但科罗拉多州和犹他州似乎更有吸引力。

之后我们发现：犹他州的处方药滥用程度在美国是最高的，同时"冰毒"的滥用在全美国排第二位。另外，当时私人开办的成人治疗资源极其缺乏。

我们都看上了犹他州，在那里搜寻了大约150处有可能开办康复中心的房地产，实地走访了其中的20家，最终看好盐湖城中一家同时提供住宿和早餐的小宾馆，2002年冬季奥运会之后它就关门歇业了。房主想卖掉所有的东西，对我们来说它是一个完美的交钥匙式的房地产。这个交易简直太好了，机不可失。因此，我们给出了报价，但当时我们手中并没有钱。

一旦此项交易达成，筹资就变得较为容易，因为我们有了实实在在的东西可以用于抵押贷款了。它加大了我们的筹资压力，但也要求我们下定决心加快筹资的步伐。我们重新修订了商业计划书，主要是体现出购买房地产所需资金的数量，并信心满满地准备带着更新后的商业计划书面见阿维先生。

---

一旦你像我们那样走出失败所带来的低落情绪，你就能吸取很多教训。每次总能学到价值连城的经验教训，这会让你更加成功。

---

爸爸和我与阿维先生再次相约在拉斯维加斯的老金舫大赌场见面。阿维先生看着菜单上的当日特色菜，问它的价格是多少，招待告诉他那道鱼的价格是23.99美元。

"不，不点了，太贵了。"说完他便点了汤，尽管我坚持他想吃什么就点什么，因为是我请客，可他还是拒绝了。我们再次有了一个良好的开端。

很快我们就谈到了正题。我把修改过的商业计划书递给阿维先生。"这次你知道想要多少钱了？"他边问边怀疑地翻开商业计划书。

"是的，我知道了。"我说道。令人高兴的是，这次我可以做出客观的回复了。"我正在寻找150万美元的投资，可以用盐湖城的房地产做担保。"我解释着，并指向夹在计划书中的几张照片。

过了几分钟，他合上计划书，把它放在一边，并且换了个话题。晚餐来了，我们吃饭，简短地交谈。我开始担心筹资这事吃完饭就黄了。等我们都吃完，我不能再让这事悬而未决，于是问道："那么，计划书怎么样？"

"我会看，然后再给你打电话。"他清楚地表明我不能贪图侥幸。

我只好打住。

从那以后，我每天都给爸爸打电话，总是少不了问他："怎么样？你听到什么回信了吗？"阿维那里一点儿消息也没有。在我们会面两周后，父亲打电话告诉我，阿维先生再次拒绝了我们的请求。似乎我们的计划书仍然没通过他的测试。"你确信你们真的想创业？"爸爸强调道，并提醒我们经营企业会带来一定压力，还要做出一些牺牲，与一队雇员共事也会让我们增加烦恼，等等。

是的，我们会坚持，尽管阿维的拒绝让我们很伤心。这确实是我们想做的事情。没什么可值得怀疑的，我们会全身心地付出，实现这一计划！

"好吧，只是那个计划书的确不咋的。"他告诉我们。

就像是肚子上挨了一拳，此前房地产报价被接受带给我们的快乐顿时烟消云散。现在，因为一家还没有建立的企业，我们被拴在了一处自己买不起的房地产上。

莉萨和我坐下来讨论接下来怎么办，一直到深夜。我们已经烧掉了所有的船，现在已经不能回头了，我们也不想回头。我们所能做的就是奋力向前推进。我们用挑剔的眼光重新审视了一遍计划书，断定我们的计划书的确有很多漏洞。

我们在计划书上又下了一些工夫：咨询了有关专家，阅读了更多富爸爸的读物，借此弥补我们发现的每一个漏洞，直到我们感觉已经为另一次尝试做好了准备。当然，这要看阿维先生是否会给我们机会。

我打电话给爸爸，他又一次把见面的事情安排好了，这一次莉萨加入到我们的行列。有他们俩跟我在一起，这让我信心十足，我也满心想问问阿维先生为什么会拒绝我们的计划书。这一次我争取要让他听我说道说道。

我们又重回到了那个活动房屋，跟阿维先生一起坐到了餐桌旁。阿维先生探询我们为什么想开办这样一家企业。在一个小时的交谈中，我们诚实地向他讲述了我们的故事，并对为何冒险做此事袒露我们的心迹。我们讲述了我在酒精成瘾上遭受的痛苦和恐惧，我和莉萨一起经历的所有事情，以及为何旅途康复中心对我们来说意义重大。令人惊奇的是，他看上去真的对开办康复中心产生了兴趣。这次我说的不是一套推销用语，而是我们的故事，并且是发自内心地、真诚地讲述。

---

除非有所承诺，否则，就会有很多机会让你退出或食言。做出一个实实在在的承诺（比如在获得资金之前先敲定一处房地产）这会强化承诺和进行到底的决心。看看你有没有做出承诺从而帮助你达成目标的其他办法。

---

当我们讲完后，他把身体靠到了椅子背上，看着我们的眼睛说道："现在我明白你为什么想开办这家企业了。你挺坚决。我反复拒绝你的计划书，你却没有放弃。在商场上，人们会打击你，让你屈服。你不能放弃，必须不断地站起来。这是任何人取得胜利所需要的。因此，我会借钱给你。我要加入，算我一个。"

在我们诚心诚意的感召下，在父亲的帮助下，再加上一份历经多次修改的商业计划书（多谢阿维先生），我们终于筹到了150万美元。

我们用127.5万美元把那个能提供住宿和早餐的小宾馆买了下来，并且把剩下的22.5万美元用作启动资金。现在我们要动真格的了！

这正是良师益友所做的事情：当我们认为我们没有什么东西可以付出时，他们却推动我们做得更多，做得更好。正当我们需要倾听别人意见的时候，他们就会告诉我们所需的建议，即便有时我们不喜欢他们说的内容。他们帮助我们做到了最好,实现了最大的愿景,即使这意味着有时他们不得不劈头盖脸地严厉批评我们,以便激起我们的斗志。

**创业需要团队协作**

"技术服务"是商人兼慈善家埃德·布拉德(Ed Bullard)于1968年建立的非盈利组织,旨在帮助发展中国家的农民利用民营企业摆脱贫困。它采用了多种方式开展工作,比如与股东一起开发或强化产品,提供创业精神和商业培训方面的课程,举行商业计划竞赛,从而让申请者接受帮助和教育,同时为他们提供赢得种子基金的机会。技术服务组织也努力让奋斗的创业者和愿意提供帮助的商界领袖结对子,鼓励他们建立师徒关系。

2009年,技术服务组织对商业计划书竞赛开展了一系列研究,其中包括该竞赛对创业者取得成功所带来的影响进行了评价。根据研究结果,竞赛参与者在头两年生存下来的可能性比非参与者高出了两倍,两年之内的销售增长额是非参与者的2.5倍。研究报告指出:"在商业计划书方面接受当地备受尊重的企业家个人的反馈使得创业者的想法和抱负变得可行,这不仅提高了他们的自信,还给予他们以极大鼓舞。"

事实上,有些参与者没有享受"售后服务",或技术服务组织的导师后期没有继续介入,但参与者们感觉商界领袖有限的支持也会对他们战胜挑战给予极大的帮助。

技术服务组织的总裁兼首席执行官布鲁斯·麦克纳莫(Bruce McNamer)说:"导师的角色非常重要,"他解释道,"从商业计划竞赛角度看,有很多关键因素对成功起决定作用。最关键的成功因素之一是与熟悉创业的某人保持联系，请他当参谋，甚至是在竞赛之后让其扮演导师角色……他们可以为有合作意向的服务提供商、供应商或承包商牵线搭桥，还可以对企业的整体管理和运营提出建议。"

米丽娅姆·舍宁支持这一观点。通过施瓦布基金会为同行交流搭建的平台，成员们获得了意料之外的价值。她说："有些事情可能在我们起步时没有意识到。但在经过几百次会议讨论之后，依然有人说'交流'是这一领域里最重要的价值。"

"如果你是认真的，我的建议是想方设法尽可能早地找到一个导师，"圣母大学的戴维·墨菲说，"我认为这绝对是关键所在。从很多方面看，它比社会使命或目标本身更重要。"

虽然很多人寻找导师只是为了获得资金，但导师贡献的价值不是钱能买到的。墨菲说："导师非常有帮助，他们可以确保你关注商业模式，在消费者面前做好展示。"他还说："商业计划竞赛通常是寻找导师的绝佳之地，毕竟，我们就是这样与美好世界书店建立联系的。校友会也是建立师生关系的极好场合。真正的好导师并不是为了钱，特别是在企业初创阶段，他们未必要求股权，但他们对于帮助企业起步感兴趣。然后，如果他们对钱很看重的话，就是另外一回事了……有可能你会雇用他们，给他们股权或董事职位。但它可能是你花得最值的一笔钱。"

另外，在反思指导女儿摆柠檬水摊的经验时，迈克尔·霍尔索斯说："学东西的最好方式之一是尝试把它教给别人。"

年轻总裁组织（YPO）、企业家协会（EO）、世界总裁组织和许多其他专业协会是与行业顾问、优秀同行和导师建立联系的理想场所。

---

> 拥有一位导师还有助于将失败和错误降至最低，因为他们见识过，也曾经亲身体验过。不过，他们可能没有你

想象的那么严厉。

"无论是对于所处的时代、行业，还是所面临的经济环境，抑或是提供的产品和服务，创业者所经历的每一个历程都是独一无二的，"迈克尔·霍尔索斯说，"创业是需要在经验中成长的。但我并不是说去巴布森学院或其他任何一所商学院读书没有什么好处。它们是有用的工具，但创业者要善于学习，并把学到的东西应用于现实环境中，以此产生与众不同的结果。所以，情况常常是，你会发现创业家聚集在其他人周围，为的是分享他们的生活经验……因此，他们不必亲自犯下所有的错误，就能从其他人那里学到如何避免这些错误。"

**熟读深思**

如果你以某个愿景为己任，那就不要让"不行"成为你的拦路虎。通常，创业者只需找到一个能说"可以"的导师而已。既然知道有人可能会对你说"不行"，那就对这一"打击"心胸开阔一点吧。做一个计分卡，记下你或你的直觉对你或你的商业计划书说"不行"的次数。坚持做下去，直到你听到有人说"可以"为止。针对每一个"不行"，写下你从中学到的东西，以及下次可能会采用与上一次有所不同的做法。重新组织，纠正错误，重新启动新一轮的战斗，直到取得成功！

# 第五章
# 找到自己的"理由"

没有什么比开创一种新秩序更难以实现:不仅成功的可能性不确定,操控起来也十分危险。

——尼科洛·马基雅维利(Niccolo Machiavelli),
《君主论》(The Prince)

1974年,孟加拉国遭受了严重的饥荒,造成数千人死亡。当时,穆罕默德·尤努斯(Muhammad Yunus)是孟加拉南部吉大港大学的经济学教师。在他的周围,瘦骨嶙峋、饥饿的人群涌入首都达卡的大街小巷,寻求救助。他在与艾伦·霍利斯(Alan Jolis)合著的《穷人的银行家》(Banker to the Poor)一书中写道:"他们常常坐在那里一动不动,因此别人无法确认他们是死是活。"

虽然被高薪聘用,并且对灌输给学生的经济学原理充满热情,但看到身边让人难以忍受的悲惨,他再也找不到工作的乐趣了。"我怎么能够继续让学生相信那些经济学论述呢?"尤努斯写道,"我需要抛开这些理论和教材,到现实生活中发现穷人之所以存在的经济学。"

他开始在邻近大学的乔布拉村（Jobra）进行社会调研与实践活动。尤努斯的博文描述了他在乔布拉村看到放高利贷的人如何奴役村民的景象。根据他观察到的情况，再加上学生的协助，他构思出几个确实能提供帮助的办法。其中，向创业者提供小额贷款似乎是最有帮助的主意之一，它可以让村民逃脱放高利贷者的魔掌。在他的博文中，尤努斯写道：

在学生帮助下，我可以帮助那些妇女了，只是规模比较小。由我来担任他们的担保人，我得以为村中的穷人申请银行贷款。此外，我还实施了一个储蓄计划。当时，村中的妇女没有储蓄能力。储蓄计划以每周存储25派沙①（Paisa）作为起点。今天，借款人的储蓄总额达到了60亿塔卡②（Taka）！

格莱珉银行（Grameen③ Bank）由此诞生。尤努斯找到了自己的人生使命，那就是向村民伸出援手，帮助她们摆脱贫困。格莱珉银行的成员在不断增加（银行95%的股权归借款人所有，剩余的5%则归政府所有），而因为要与文盲成员一起工作，尤努斯的工作内容也远不止是融资，他还要教他们在地上用树枝写自己的名字。

格莱珉银行为银行业带来了革命，它只贷款给贫穷的人。为了取得贷款的资格，村妇必须证明她们及其家人拥有不超过半公顷的土地，并且取消了抵押担保的要求。这一做法彻底颠覆了先前银行放贷的理念。

---

赋予其他人以力量，让他们掌控自己的生活，投身于这样一个行业是社会企业家要做的事情。为他人提供选择的机会，让自己获得自由，并产生一定的影响，这是我们（社

---

① ② 派沙、塔卡为孟加拉国的货币单位，1塔卡＝100派沙。——译者注
③ 在孟加拉语中，Grameen意为"乡村"或"村民"。——译者注

会企业家）改变世界的一种方式。

---

这一思想传播开来。截止到我写这段文字时，格莱珉银行在世界各地的分行数量达到了 2565 家，而贷款的村民分布在 100 个国家里的 8.1 万多个村子。自创立伊始，这家银行几乎每年都能赢利。2006 年 10 月，格莱珉银行和穆罕默德·尤努斯同获诺贝尔和平奖。"除非大多数人找到了摆脱贫困的方法，否则，就不能得到持久的和平。"挪威诺贝尔委员会在其奖励致辞中写道，"小额信贷就是这样一种方法。自下而上的发展也有利于民主和人权的进步。"

在尤努斯开始他的计划 30 年之后，格莱珉银行被世人看成是卓越的社会企业，它被称为 20 世纪第三世界最大的变革之一，而且是独一无二的。

这全都是因为一个人想要对其所教授的内容重拾信心。

## 为什么你必须要有一个理由

研究表明，社会企业家有一个共同点，那就是对解决社会问题满腔热情，而且经久不变。正如本书前面所讲，热情决定了社会企业家的一切。它是那种让你从床上爬起来，即使成功的希望渺茫时还推动你前进的力量。无论你的热情是什么，你的"理由"是什么，你强烈的使命感是什么，更为重要的是，你要知道自己为什么要做这件事，并且找到了做这件事的"理由"，因为没有这个"理由"，你只不过是在做一个工作而已。

社会企业家的特征完全不同于其他形式的企业家：他们甘冒风险，致力于实现理想，充满激情地解决社会问题。而促使这一想法产生的根源源于一次深刻的个人经历或变革性的事件。

社会企业家必须学会如何做推销员；在筹集资金方面，他们也不能羞怯；他们不必花时间跟非洲的农民在田野中交谈，而是要帮助他们脱贫，这可能是他们最初开始创办社会企业的原因。之后，他们便要筹集资金，为企业打下基础，花时间让人们相信这家企业所能带来的好处。

就我们而言，旅途康复中心源自于我们个人在成瘾方面的经历和一个承诺，即建立一个有使命感的康复中心，给来到这里的人以尊严和尊重，帮助他们解除成瘾所带来的桎梏。但是，我们慢慢认识到，经营这家企业的日常事务并没有让我们走到业务的第一线，以致我们无法亲自参与到顾客的努力中去，也无从感受其中的快乐。事实上，我们没有干我们擅长的事情。

虽然我们都无意当一个执业咨询师，但这一企业模式的特殊性驱使着我们必须天天取得进步，尽管我们并没有把大部分时间花在治疗成瘾上。从企业创立伊始，我们所做的工作无非是筹资、招聘或解雇以及日常的经营管理，这就是全部。

既然我们充满热情，我们不但可以为自己加油打气，还可以鼓励其他人加入我们的行列，给我们以支持，或贡献出他们的才能。正如泽维尔·赫尔格森所说："你必须在事情还不确定和没有把握的时候能够鼓舞他人的干劲，如果能激发人们对目前还不存在的事情产生兴趣，社会企业家就能激起投资者和合作伙伴等人的兴趣，并让他们紧随其后。"细节"和"鼓舞人们相信事情可以成功"之间的这种创造性张力成为社会企业家具有的显著特征。

因此，我们开始解决琐碎的事情。我们在盐湖城的建设已经完工，现在它就实实在在地立在那里，我们是它的主人了，它为我们的梦想打下了基础。而我们的责任却一天天地在加重，不仅要偿还阿维的借款和房地产的抵押贷款，还要对我们的员工、我们将来要治疗的顾客及其家人负责。

根据我们与阿维达成协议的部分条款，他借给我们150万美元，其利率是8.25%。在最初的12个月里，我们只还利息（每月约为1万美元），一年后开始还本付息，每月的偿还额增加到1.4万美元。我们的目标是在12个月内还清。

放入资产净值的22.5万美元，我们会用他的这笔钱偿还每月的利息。在企业产生现金流之前，我们都会这样处理。然后，我们会利用资产进行再融资，届时将全额偿还阿维的借款。依照在夜总会的经验，我知道基本规则就是首先"偿还房款"。

时间在流逝，鉴于每月需支付1万美元的利息，如果康复中心无法正常营业，这意味着每天我们就要赔300多美元。

因此，我们制定了每日目标和每周目标，这是我们要达到的里程碑，以便尽快开门迎客。我们的首要任务和这些目标的重中之重是：

1. 拿到营业执照；
2. 雇用合格的专业人士监管企业的方方面面。

同时，我的大部分时间都用在了选址、营销、品牌推广及在拉斯维加斯和盐湖城之间来回奔波上。

除此之外，我们的女儿黑利（Haley）出生了。在黑利出生的头3个月里，莉萨整天跟小宝贝待在家里。因为休产假，她不必再值12小时的班，这让她有了更多的时间做一些企业的事情，尽管我在家时尽我所能帮她，但我常常在往返于家和盐湖城的路上。莉萨和我睡眠严重不足。我们常常认为开办康复中心这事可真是糟透了。

3个月过后，莉萨返回警局工作，这是维持我们的生活开支所必需的。当莉萨值班时，她就把黑利送给我妈妈照看，我则把所有的时间和精力用于在盐湖城筹建企业。

我强烈地感觉到自己正在走向失败，不管是作为一个创业家，还是作为一个丈夫，抑或是作为一个刚刚当了父亲的人。我几乎天天都想跑回家，认输算了。但是，偿还阿维借款的压力，还有内心深处的良知告诉我：这就是我应当做的事情，这就是我为什么这么做的"理由"。于是，我坚持了下来。"有更多的活要干"，这句话在我脑海里不断地回响，它成为鞭策我前进的唯一动力。

幸运的是，我们对于创业的"理由"非常坚信，即便我们在雇用员工方面遭遇尴尬的经历，以及碰到的许多障碍让我们好多次都想放弃。

为了实现上述两个初级目标，我们雇用了第一批正式的团队成员。第一个人是查尔斯（Charles），他原来是夜总会的助理，擅长销售和营销，现在担任我们的营销主管。首先填补这一岗位空缺对企业来说意义重大，如果不能找到目标群体——顾客，我们就不会有生意。

---

开办一家企业要花费大量的时间和精力。女儿刚刚诞生，我每天还要值12小时的班，再加上筹备开办企业的工作，这几乎占用了我所有的时间，似乎认输是一个最简单的退出办法。但是，为了获得想要的自由，并且亲身参与到解决方案中，我们必须咬牙坚持下去。曙光就在前面，最终的胜利是属于我们的。持续地保持乐观、积极的态度和获得鼓励在社会企业的创办之初十分关键。相互听取意见，不让其他人灰心丧气是我们团队的重要工作内容。

---

另外一人是理查德（Richard），他是我在拉斯维加斯练武术时遇到的武友。理查德告诉我他在犹他州经营过有关儿童和青少年的治疗设备，而且目前仍在此领域内工作。他正打算跳槽，并且想要加

入我们的企业。考虑到他在执照申请流程方面的宝贵经验，而且他自称"跟管执照的那帮家伙是朋友"，以及知道如何让我们从人力资源服务部执照办公室那里获得一份营业执照，他似乎是我们项目经理的不二人选。

在头一两个月，我们没有拿到营业执照似乎情有可原，但在第三个月和第四个月，没有任何迹象表明我们能拿到执照，当时已经偿还了阿维4万美元。莉萨和我决定：到了我走出盐湖城亲自看看事情到底进展如何的时候了。虽然我多次去那里旅行，但我有限的时间都用在了拜访办公用地、寻找合作的顾问及应付各种各样突然出现的其他事情。理查德反复告诉我："执照的事绝对稳妥，不必担心，我正在处理，我们很快就能拿到。"而我更愿意把这一任务交给理查德这样的"专家"，因为查尔斯、莉萨和我都在忙其他事情。但那个糟糕的决定让我们付出了好几万美元的代价，而且差点就在企业起步之前把它毁灭了。

在拿到执照之前，政府不允许我们安排顾客进入康复疗程，所以我们一个顾客也没有。查尔斯早已来到拉斯维加斯，等待我给他可以动身去犹他州的时间。现在这个时间到了。我们从拉斯维加斯出发，决定自己掌控局面。想要事情有所改变，我们自身必须做出改变。我们正是这样做的。

查尔斯和我迁移到了盐湖城，并永久安置下来，莉萨和黑利则留在了拉斯维加斯，在异地为企业工作，并提供相应支持。每隔几周，莉萨会乘机飞到犹他州，跟我共度周末，在工地上为我们出谋划策。如此一来，我们三个人可以当面合作，再也不用借助电话进行交流了。

我做的第一件事就是与理查德的那些"朋友"见面，他们都是市级和州级负责发放执照的人。我的发现让我肺都快气炸了：不仅是理查德惹恼了执照注册机构，事实上，他们根本不是他的朋友，而且那个所谓"专家"一直对我撒谎。我们面临着康复中心是否合规的考验。联邦政府将成瘾视作能力障碍，并且将瘾君子看成是易受伤害的成人。在犹他州，州人力资源服务部对获得执照有严格的要求。这导致我们申请的执照与为患有唐氏综合征或精神病的成人提供特殊服务的避难所获取的执照没什么区别。我们事先已经知道申请执照的要求，而且斯潘塞的确警告过我们这一点。但理查德没有掌握这方面的知识，也不知道如何跟进，这让我们离在4个月的时间里拿到营业执照越来越远，而不是越来越近。申请执照比我所期待的任何事情都重要，因此，我们还需要做大量的工作。

在创建旅途康复中心的整个过程中，我们感觉合适的人会在合适的时间进入我们的生活。很明显的一点是，作为学生，我们随时准备学习更多的东西，而老师就会不断地出现在我们身边。但我们现在意识到的是，每到转弯的地方时，我们就会经受宝贵的教训。许多教训让我们痛彻心扉，这次的教训即是如此。当我们发现"朋友"并不真正的是朋友，甚至所谓"好员工"其实并不好时，真是伤心极了。对于组建社会企业的团队来说，这也是重要的一课。不过，我们将在后面对此进行深入探讨。

已经做的所有工作对于拿到执照都成了无用功。对此，我感到震惊。但就在当初的震惊过去之后，我跟办理执照的官员见了一面，拿到了申请执照的要求清单。虽然当初我们得到过申领执照的基本要求目录，但其实我们并没有弄清楚构成核心要求的所有具体细节。步入正轨让我心情转好，但我明白，与那些官员建立积极的工作关系需要花费很长的一段时间。

---

在雇用朋友到企业工作时，一定要确保按公司正常的招聘流程走。安排他们在适合的岗位，并确保他或她具有

与此职位相对应的技能,这一点非常关键。否则,你不仅会失去友谊,还会因此伤害到企业。这是令人心痛的事情。

---

除了损失机会成本和我们孜孜以求的收入之外,我们总共损失了6万多美元,其中有4万美元偿还给了阿维,另外2万多美元则用在了日常经营上。为这个教训付出的代价太大了,但好在我们当时明白了一个道理:如果想快速而正确地建立企业,并且避免受到操控,我们需要自己掌控局面,持续学习成功所必需的所有行业知识。尽管我们不想当全才企业家,但熟悉方方面面对我们来说只有好处,没有坏处。因此,我们要知道需要问什么问题、问谁及做什么才能继续前进。

我返回到旅途康复中心的新办公室,开始全身心地亲自处理执照事宜。这意味着我要对政策和流程进行彻底的检查,而这并不是我的强项。幸运的是,莉萨和查尔斯给了我很大的帮助,他们曾多次陪我熬夜。我们三人齐心协力,整理完了办理执照所要求的无数表格和合规性文件。

我承担起了申领执照的工作,还有其他很多事情,比如营销、清洁地板、煮饭、开车、回复电话、与保险公司打交道……如果我们想当老板,我们就要搞清楚各个方面的工作。其实我们是在自己的企业里当学徒。莉萨和我成了通才,开始对各方面的业务都有所了解。但很多东西我们才学了一点。我们发誓再也不把我们的生活和家庭的未来寄托在说"我认识一个人……相信我吧"那样的人身上。在你掌握所有的工作细节时相信某人,还是在自己一无所知时相信某人,二者之间有很大的区别。

2003年1月,我们领到了执照,成功开办了第一家旅途康复中心。接着,我们遇到了下一个老师,他是营销方面的专家。

由于我们在申领执照问题上颇费周折，而且当时担心没有地方接待顾客，所以，我们把营销放到了次要位置。此外，我们通过一系列调查研究表明成瘾已经达到了高发期，社会对民营戒断中心有极大的市场需求。这让我们产生了这样的错觉：只要我们开门营业，顾客就会在外面排成长队。

实际情况并非如此。

在2003年1月领到营业执照之前，我们对吸引顾客入住，并开始赚钱感到绝望。问题在于我们尚未推出精心设计的治疗项目，也没有获取营业执照（这是我们犯的严重错误），而且还缺少技术熟练的顾问为顾客治疗。此时我们想的是：只要有人住到房间里，什么人都行，然后谈成交易，如此我们就可以赚钱。我们也考虑过即便拿不到州政府的执照也能创收的众多思路。我们决定建一个网站，并开始以"清醒的生活"（Sober Living）这一名义推销我们的康复中心，这是为想康复的成瘾者建的一个安全和让人清醒的生活环境，而且我们只提供食宿，不提供治疗。

几周之后，我们第一个来自"清醒的生活"的顾客打来电话。这位顾客是来自怀俄明州的卡萝尔（Carol），她愿意每月支付3000美元住到我们的中心来。莉萨为她做饭（当她从拉斯维加斯来的时候），此外，我还要为她打扫房间和浴室。我们全都在尽可能地给她"织造"一个安全网，和她交流在康复过程中遇到的所有问题，并督促她参加匿名嗜酒者互诫会（AA Meeting）。虽然工作量很大，但是，以亲身实践的方式最终对某人有所帮助让我们极为满足，这正是我们梦寐以求的事情。我们肯定会给她大量的支持和鼓励，让她感觉像在自己家里一样。

我们要尽力赚取一些收入，只要是合法的、符合伦理道德的，什么事情都可以做，因为我们的日子快过不下去了。当时我们连刷卡机都没有，必须通过爸爸夜总会的账户收取卡萝尔的费用。这是多么大的讽刺啊。

在领到执照并且获得稳定收入之前，我们没有钱聘请医生或治疗师，几个月的时间就会耗尽我们全部的周转资金。但是，不雇用全职的员工，我们又如何从服务顾客中创造收入呢？这似乎是无法摆脱的陷阱。

通过对富爸爸理念的学习，尤其是对现金流象限的研究，我们意识到这些专业人士都是受过良好的教育和高度专业化的人，他们常常做自己喜欢的事，喜欢按时间收取很高的费用，属于自雇主范畴（S象限），而且不太喜欢为了一份工资而工作。

**慢慢地（很慢）**我们发展了几位特约医生、顾问和治疗师，他们同意加入我们，随请随到，并只根据每次提供的服务收取报酬。这种处理方式对彼此都是双赢的，直到今天我们还在采用。

在拿到执照之后，我们的推广工作开始提速，只要是能联系到的顾客，我们都成交，只是为了让顾客入住我们的康复中心。我们最初设定的基础治疗费用为每人每月1.2万美元，而我们的进门费用只有区区1200美元，只是为了让这个还未经验证的计划起步。我们虽有愿景，但目前缺乏全职员工经验。随着顾客陆续完成治疗，我们得以对康复中心的服务进行改进和优化，有时甚至是一小时之内就有所改善，从而建立了一个服务质量高档且能体现我们愿景的康复疗程。

我们度过了许多个不眠之夜，苦苦思索新创立的企业会变成什么样子。这个梦想似乎遭遇了一个困难又一个困难，现在又增添了几个：最近被解雇而感到沮丧的理查德不断地攻击我们，因为他的投诉，劳工部门也在找我们的麻烦；我们的储蓄很快就要花光。难道我们付出的所有努力、经受的所有痛苦和悲伤，就因为钱的问题而化为乌有吗？为什么我们在每一个转折关头都要经受考验？这次我们真的感觉走投无路了。或许这一次我们真的不得不放弃了。

在这种紧急关头，奇迹出现了。我们想起了互惠法则：付出就会有回报。我们拥有一套有价值的服务，我们想让世人接受它。为什么不接受罗伯特·清崎的第二原则"免费干活"呢？为什么不将服务首先免费提供给那些需要的人呢？这在当时听上去有点匪夷所思，但对我们的使命而言，不管从个人情感还是从职业发展的角度，这都是正确的选择。我们要做的就是恢复人的尊严和尊重。如果这就是我们的"理由"，那么为什么它就不能作为我们培养客户的第一个承诺呢？

我们开设了一部 24 小时开通的热线电话，任何想获得有关戒毒、戒酒和成瘾方面信息的人都可以求助。开始时电话差不多每隔一天打来一次，但过了几个月之后，电话越来越频繁，甚至我们在熟睡时被电话铃声震醒，以便辅导某人渡过危机。困难可想而知，但他们声音中透露出的痛苦及其经历的恐惧，让我们更加确信我们所做之事是正确的。我们获得了更大的激励，一定要坚持下去。多少父母、兄弟姐妹、丈夫和妻子都在向我们诉说自己所爱之人迷失于毒瘾、酒瘾之后的凄惨，以及他们多么希望所爱之人能够重新过上正常的生活。我们聆听他们的故事，分享我们的愿景，提供有针对性的解决方案，并透露我们是如何摆脱噩梦般生活的。我们付出的努力似乎令他们感到了极大的安慰。

尽管创业正处于困难时期，但我们知道世界各地对旅途康复中心有很大的需求，而且它将对世人产生极大的影响力。"让所爱的人回归正常的生活"这一想法是一个简单的哲学。时至今日，它仍然是我们的核心承诺。

热线电话极富价值，而打来的电话又不是那种我们想挂断就能挂断的，有时我们必须在早晨、极度疲劳或晚餐时进行处理。很多时候，电话打来时我和莉萨正好在外就餐，其中一人就要走到安静的角落与那个处于危机中的人交谈，另外一人就要独自吃饭。我们有时会通过长达几个小时的倾听与他们建立关系。

最终，因为热线电话占用了我们太多的时间，我们不得不雇用更多的人手应答逐渐增加的电话量，并且由营销部门处理这些信息。热线电话中心开始自我成长，我们的业务也开始步入正轨。

我们从来没有把热线电话当成是一种销售方法，也没有打算这样做。除非有人正在积极地寻求治疗，而这些人可能会在交流几个月之后才开始接受治疗。交流时我们会提供免费服务，只想帮助他们度过艰难的时刻。这样做花的时间不多，我们的顾客却开始增加，现金也开始流入。

当顾客感情失控，在我们的怀里痛哭，并感谢我们救了他们的命，改善了他们的生活时，我们更加肯定这条路走对了。对我们而言，即使再多的钱也无法与这种奖励相提并论。

到第九个月时，我们产生了足够的现金流，再也不必用阿维自己的钱来还他的钱了。到我们第一个财年结束时，由于互惠法则的应用，旅途康复中心赢利了。此时，莉萨可以辞去警察局的工作，将全部时间用于企业经营了。

我们坚持的"理由"让我们渡过了所有的困难时期，这正是我们最终取得胜利的根源。我们的愿景是救治那些受成瘾折磨的人，给他们尊严和尊重，支持他们摆脱成瘾，如果不能持续地致力于我们的愿景，你认为我们会坚持下去吗？可能不会。从我们缺乏起步资金、想方设法办理营业执照、全职雇员不足的挑战、生气的顾客，一直到努力让企业起步，这中间我们有无数次的机会可以放弃，很多人肯定不理解我们为什么还要继续做下去。对于很多处于我当时位置的人来说，确实有很多放弃借口。

> 此时，我们有效地达成了其中一个主要目标，那就是我们两个再也不当雇员了。我们用自己的方式建立了一家处于B象限的企业。设定一系列适当的目标，并且知道它们何时达成，这样就能牢牢把握住成功，并让障碍变得不那么坚不可摧。

很多创业者想到一套产品或服务方案，选定办公地址，并因为将产品或服务推销给别人而兴奋不已，此后便遭遇无穷无尽的挑战，但最终他们却卷铺盖回家了。因为他们觉得这些困难和挑战超出了自己的能力范围，应付不了了。

要不是有"理由"作支撑，我们也会中途放弃的。我们在渡过重重难关的过程中学到了很多东西，这让我们更加坚强。

因此，如果就如何成为一位社会企业家向你提供建议的话，我们会这样说：找到你的"理由"，为它奉献一切，并且在此过程中充满信心。你的"理由"就是你认为并且想要做的最重要的事情，它会改变你的生活。

## 如何找到你的"理由"

虽然我们所能给予你的最珍贵建议是"寻找"并且"知道你的'理由'"，但它也是最难给予的，因为对于什么是你的"理由"，我们一无所知。只有你自己知道它是什么。

下述几个问题可能有助于你找到自己的"理由"：

1. 你喜欢做什么？
2. 你热衷于什么？它是一项公益事业，还是与之有关的什么事情？

3. 你或你认识的什么人会被此公益事业打动或有意参与进来吗？

4. 什么让你感到沮丧或触动了你的灵魂？

5. 什么东西或什么人是你离开它就活不下去的？

6. 你正在做什么项目，并且它让你忘记了时间？

7. 什么会让你精神抖擞？

8. 如果你能改变世上的一件事情，它会是什么？为什么选择它？

迈克尔·霍尔索斯面试并雇用了无数人。在他每次都会问及的诸多问题之中，其中之一是："做什么会让你乐在其中"。

"如果你告诉我做什么可以让你感到快乐，你就是在告诉我你擅长做什么，"霍尔索斯解释说，"如果我只是坐在那里说'告诉我，你擅长什么？'他们就会支支吾吾说不出来。如果我想雇用一位销售人员，而他告诉我他在周末如何窝在家里看书，那他可能是在告诉我：我正在跟一个不太适合做销售的人讲话，他应该靠教书过日子。因此，通过了解人们喜欢干什么，你就能知道他们的热情所在和他们擅长什么……如果想创造出一种你擅长的产品或服务，你必须要对它有兴趣，并充满热情，你还可以在经济方面获得一点好处。你不但感觉自己的创意很不错，还可以因此获得成长。"

坦耶拉·埃文斯于2012年4月为《赫芬顿邮报》(The Huffington Post)撰写了一篇文章，在这篇标题为《英雄企业家还是本土企业家？》的文章中，她写道："当我们想到'社会企业家'时，我们倾向于关注那些真正能产生重大影响的大公司，比如科技美国公司（Tech for America）或格莱珉银行，它们都是解决国家或国际范围内贫穷、不平等或公正问题的组织……然而，研究指出，社会企业家也会对当地经济产生影响。"

埃文斯继续指出，那些关注社区问题的组织同样值得引起我们的关注，而且在很多情况下，它们可以更快地产生更大的影响。

---

> 还有一个很好的问题可以问求职者：5年之内他们希望看到自己身处何处？或者在这5年之内他们喜欢干什么？在面试时，很多求职者会朝着他们将要做的工作来设定目标，但如果你能让他们敞开心扉畅谈他们的热情所在，你会发现这与他正在申请的岗位是否相关。我们希望员工追求高品质的生活质量，我们也知道，如果让他们将热情挖掘出来，他们将是能与你共事的最好的员工或承包商之一。或者说，他们的热情会让其长期伴随着你。只有知道他们的希望所在，才懂得如何授权，并让他们达到能够达到的最佳状态。

---

换言之，你每天都要碰到，并且促使你积极采取行动的是什么问题？你能想到什么创意，它可以让你充满活力地解决问题呢？因为这才是激发你产生创意的"理由"所在。

在我们看来，它就是让成瘾者恢复健康的拯救生命的力量。在克瑞斯·富克斯和泽维尔·赫尔格森看来，它是学生宿舍里的一堆废旧书籍和需要书籍的社区学习中心。在穆罕默德·尤努斯看来，它就是他教室窗外那些饥饿的人。

你的"理由"是什么呢？

**熟读深思**

如果你的工作动机是追求金钱,那你就是一个钱奴。如果你正在为实现人生的某项使命而工作,你就是自由的。金钱只是在你做自己喜欢,并且感觉自己与之相联的事时顺带产生的结果。

## 第六章
## 你的战斗

你们的时间是有限的,所以不要浪费时间过别人想过的生活。不要受教条的束缚,那意味着你将生活在其他人想要的结果中。不要被他人嘈杂的观点淹没了你内心的呼唤。最重要的,有勇气去追随你的内心和直觉,不晓得什么缘故,你的内心与直觉已经知道你真正想要成为什么样的人。其他的事情都是次要的。

——史蒂夫·乔布斯(Steve Jobs),

在斯坦福大学毕业典礼上的演讲

2005 年 6 月 12 日

1976 年,当朱莉·斯莫良斯基(Julie Smolyansk)只有一岁大小的时候,全家从苏联移民到美国,并且定居伊利诺伊州的芝加哥。朱莉的父亲找到一份机械工程师的工作,她母亲则开始做修甲师。两年以后,斯莫良斯基家开了一家俄罗斯熟食店,为当地的俄罗斯人提供东欧食品。

朱莉的妈妈刚到美国时只有 26 岁,还带着一个年幼的女儿,一句英语也不会说，只能帮着卸车，管理家庭财务，希望将熟食店建成伊利诺伊州主要的俄罗斯食品企业。同时，朱莉的父亲常常将其有限的空闲时间用于给新移民做顾问，帮助他们融入美国文化，尽快了解美国人的经商方式。他常常通过为新移民如何在美国创建企业提供建议来帮助他们，反过来，这也是帮助他们自己的企业取得成功。

"我就是在这种环境中长大的，"朱莉说，她从父母那里遗传了生意人的精明、同情心和帮助他人的责任心。"这就是我们家的做事方式，'力所能及地帮助他人，而且经常如此'。"

1985年，朱莉一家去德国进行了一次食品采购之旅。她跟父亲首次品尝了克菲尔，这是一种发酵的酸乳酒。返回美国后，他们开始创立生活方式食品公司（Lifeway Foods），目前，它已成为美国市场上领先的酸乳酒制造商，并于1988年上市。朱莉的父亲于2002年意外去世，她在毫无准备的情况下被迫接任首席执行官。当时年仅27岁的她成为上市公司女性首席执行官中最年轻的一位。

她对生活方式公司的工作充满热情，因为它生产的是天然有机食品。事实表明这些食品具有某种医药特性，有助于预防疾病，比如克罗恩氏病[①]和肠易激综合征[②]。但是，作为一个坚强而且独立女性的女儿，以及一家大公司的首席执行官和两个女儿的妈妈，朱莉也热衷于支持各地提高女性权利的运动。

"女性占据了总人口的52%，但在《财富》500强公司中只有18%的首席执行官由女性担任,国会席位中女性只占了17%，"她说，

---

[①] 克罗恩病是一种原因不明的肠道炎症性疾病，在胃肠道的任何部位均可发生，但好发于末端回肠和右半结肠。本病临床表现为腹痛、腹泻、肠梗阻，伴有发热、营养障碍等肠外表现。——编者注

[②] 肠易激综合征是一组持续或间歇发作，以腹痛、腹胀、排便习惯和（或）大便性状改变为临床表现，而缺乏胃肠道结构和生化异常的肠道功能紊乱性疾病。——编者注

"我想确保我女儿长大了以后的世界比我们现在的要好。"

母爱如山机构（Every Mother Counts）是克里丝蒂·特灵顿·伯恩斯（Christy Turlington Burns）为全球母亲健康而倡导和发起成立的组织。2011年夏天，身为母爱如山成员的朱莉到孟加拉国参观，那里的所见所闻让她受到了很大的触动。在参观了城市贫民区和硫酸暴力治疗中心，了解到孟加拉国竟然允许男人将酸性物质泼到拒绝他们或他们认为有通奸行为的妇女脸上时，朱莉变成一位斗士，从此积极参与到帮助妇女摆脱贫穷和硫酸暴力这一公益事业中去。

在朱莉的带动下，除了进行慈善捐款外，生活方式食品公司通过其营销、广告、宣传、筹款等活动对母爱如山机构进行了大力声援。

"我认为我之所以取得今天的进步都源自于过去的每时每刻，"朱莉说，"事实上，我觉得过去的大部分时间，包括最困难的时刻，都在激起我的热情，强化我的动力和职业道德，并唤醒我的斗士之魂。它帮我树立一种永远积极、乐观的精神，并让我形成了即使在最艰难的时刻也认为'一切都会过去'的思想观念。"

这种"斗士之魂"只能产生自个人的战斗之中。正如朱莉所说："我取得今天的进步都源自于过去的每时每刻。"请花时间反思一下你的过去：什么激发了你的热情和动力？你为什么而战斗呢？

## 我们的战斗

有人说"要有选择地战斗"，这是一个重要的经验教训。任何类型的创业都是困难的，如果战斗属于个人行为，那只能算是为生存而战，但做企业却可以真正地表明你的立场。因为你常常听到人们告诉你"你做不到"。你就必须要设法闯出一条路，让他们无话可说。但要确保这样做是值得的。

在朱莉·斯莫良斯基看来，为保护女孩和妇女的权益而斗争意义重大。"我认为,我生命的开始阶段,从0岁到35岁是为自己活着,"她说,"其余时间则要奉献给我的孩子和这个世界。"

显然，抗击成瘾是我们自己想干的事，也是我们所珍视的事。在第三世界国家开一家动物拯救中心或改进灌溉系统，对我们来说没有意义。虽然它们也很重要，但我们没有动力投入无数的时间、精力和热情创办类似的企业。获知某一问题，追随家人的热情，或者被其感动，这并不意味着它就是你创立社会企业的最好根据。我们想表达的意思是：它必须是你个人的事情，它应该让你魂牵梦绕，让你挥之不去，这是关乎你的热情和梦想的事情。为你自己的战斗而战斗，而不是为别人的梦想而战斗。

**熟读深思**

为了明确你为何而战斗，请问自己以下几个问题：什么事情让你抓狂？什么事情让你烦躁不安，以至于发现自己要花费无穷无尽的精力跟它做斗争？什么事情会让你充满激情，而且完全是你个人的事情，以至于你觉得必须为此而做些什么？可能它就是为非洲提供清洁的水源，即使你从来没有去过那里，但它却深深地触动了你的内心，以至于它成为你生命中必须要做的事情。

随着旅途康复中心的起步，我们的持续研究表明，成瘾问题不只表现在酒精和违禁药物两个方面。止痛药需要病人在医院服用，但经常会被病人带回家中，由此导致部分病人服药后成瘾，情况往往如此。另外，现在估计有80万个网站可以让人很容易地网购到这些止痛药物，而不必得到医生的同意。随着医药公司的发展，越来越多更有效的止痛药陆续上市,成瘾、经受严重的躯体戒断反应[①]甚至是死亡的风险比以往任何时候都大。

看一眼你家的药品柜,认认真真地检查一下里面的药品。我想你肯定会对自己的发现惊讶不已。

更让人担心的是,现在的年轻人时兴开"药品派对",他们会搜刮父母或朋友的药品柜,把找到的东西扔进大酒杯中,搞一种病态的药品轮盘赌,每个人都吞下或多或少的药丸,较着劲地喝酒。很多时候他们甚至会通过掷骰子的方式决定自己吞下多少粒药丸。根据美国国家药物滥用研究所在2010年的一次调查结果,约有20%的美国人曾经将处方药用作非医疗用途,其中超过一半人处在12岁至17岁的年龄。

可怕的是,媒体对喝酒和药物派对的描写只关注于快乐,很少描述后来发生的事情,即快乐停止而疼痛开始的时候它们从来不说。诚然,搞派对没有什么错,但要出了什么问题那就不是什么好事了。很多时候那些年轻人并不知道他们已经跨越了安全线,等知道时为时已晚了。

市场上甚至出现了有关处方药的误导性广告,它们会略带教唆的企图——有让人滥用药物或成瘾的可能。

正如你看到的那样,我们会一而再、再而三地这么做。我们确信,你和你的孩子会在生活中接触到毒品和酒精。父母们知道这种情况后会感觉热血沸腾。我们的抗争是一场艰苦的战斗,但我们绝对不打算放弃。你知道是什么原因吗?因为我曾经嗜酒如命,对其破坏性的力量深有体会。成瘾差点摧毁了我的生活,也糟蹋了家人和朋

---

[①] 戒断反应指停止使用药物或减少使用剂量或使用拮抗剂占据受体后所出现的特殊的心理症候群,其机制是由于长期用药后,突然停药引起的适应性反跳,不同药物所致的戒断症状因其药理特性不同而不同,一般表现为与所使用的药物作用相反的症状。例如酒精戒断后出现的是兴奋、失眠,甚至癫痫发作等症状群。——编者注

友的生活。不论是出于个人的感受，还是出于职业的考虑，我们永远不会停止与对抗成瘾的战斗。

有时我们也曾产生过停止战斗的想法。在酝酿阶段，甚至在我们开门纳客之后，我们经历了太多的波折起伏。这一刻我们感觉自己是天才，下一刻我们可能觉得自己是人渣。情绪上的大起大落让我们切实体会到了"见鬼去吧"那种感受。当事情难办时，我会说"算了吧，我完蛋了"。幸运的是，我有一个坚强的后盾，并且意识到，如果放弃不干的话，我不只是将我的戒酒置于危险的境地，同时也将妻子和孩子、企业和雇员、我们的投资置于了危险的境地。我们有太多的利害关系，以至于不能停止战斗。我们已经营造了一个完美的环境来支持我的戒酒。

现在我的戒酒公益事业比我自身还要重要。有更重要的事情处于危险之中，我不应该为了醉生梦死而抛开它们不管。因此，成瘾既是我的报应，又是我创业的动力。

---

**熟读深思**

  我们致力于让世界知道那些与成瘾抗争的人并不是"坏"人，他们只是做了错事，并且陷入到无力控制的事情当中，无法自拔。他们理应得到帮助，找到他们的回归之路。这就是旅途康复中心的奋斗目标。

---

这让我们获得了与其他治疗中心及其领导力相比更具压倒性的竞争优势。这些顾客跟我是同一个部族的人。我知道他们遇到了什么样的困难，我找到了比当时社会上已有的治疗项目更好的服务方式。我知道戒瘾是可以通过有尊严且受尊重的方式实现的。我的生活经验似乎在旅途康复中心的建立过程中得到了最大的发挥，我自

己以及莉萨的人生旅途一步一步地把我们引领到了这里。这就是我们创业的目的，或者如某些人说的那样，这就是我们的宿命。

然而，当查尔斯和我动身进行"路演"时，这些并没有发挥太大的作用，"路演"是我们为自己持续不断的努力而起的名字。它旨在引起顾问们的兴趣，使其加入我们的治疗团队，并与我们建立转诊关系。我们敲开了很多家的门，握了很多次手，分发了大量宣传手册，面对许多行为健康方面的专家夸夸其谈。出人意料的是，我们被很多人拒之门外，他们会在我们面前将门"砰"的关上。真正听我们把话讲完的人被我们肤浅的表现和狂妄自大激怒了，因为我只不过是一名未受过正规教育的夜总会打工仔，却认为我们有能力经营一家合法的治疗中心。他们建议我立即回到学校，像他们那样修一个咨询专业的学位。然后，他们礼貌地要求我们离开。

顾客转诊可是我们的企业得以生存的基础，考虑到我们没有能力建立一张这样的关系网，于是，我们雇用了犹他大学的一位教授，希望她能在创办企业方面给我们当参谋。在记了几条有关我们如何艰难推进的笔记之后，她同意当我们的顾问。"你不知道自己正在干什么，"她指出，"你真的需要回到学校。"然后，就为这几句"深刻见解"，她收了我们750美元的咨询费，并认为她的咨询工作完成了，而且她的建议对我们是有帮助的。

听到没有哪位我们想与之建立合作关系的教授支持我们，真的很让人泄气。最让人沮丧的是，查尔斯和我知道有无数的人正在因成瘾而死或与其抗争。这些教授怎么竟敢拒接来自一家有可能会救人一命的治疗中心的转诊病人呢？因为我们不是他们那个常春藤盟校派系的，我们的名字后面也没有一长串首字母缩写词代表的头衔，我们是圈外人。

难道我们不是同一个战壕的战友吗？

在雇用教授给企业当顾问这件事上，我们所犯的错误在于，她本人从来没有在企业里干过，至少当时没有。她可能是一位不错的老师，但她不是一位企业家，我们与她没有共同语言。她只是在学校教授思想和理论。她受过的教育告诉她要去学校，得到高分，然后再尝试做企业。这不是我们要走的路。

以下是我们知道，却没有让教授理解的两件事情：

1. 我们是企业主，不是自己雇用自己的专业咨询人员。我们不是在寻找就业岗位，而是通过创办企业提供就业岗位。用富爸爸的术语来说，位于B象限的我们正在跟位于S象限的人谈话。我们不打算亲自治疗我们的顾客，只是想提供一个治疗平台，让此类工作能够正常开展。为此，我们接受的训练是要像企业家一样思考问题，而不是像自雇主一样看待事情。他们是咨询领域的行家里手，之所以让他们加入我们的团队，只是想让他们做他们最擅长的事情——提供咨询服务。如此一来，我们得以做我们最擅长的事情——经营企业。

2. 他们获得的专业学位和多年的职业经验没有告诉他们我们在戒瘾方面所经历的事情。说到成瘾和戒瘾，我是有亲身体验的人。我开始验证我的推测，我问他们："你是比尔·威尔逊（Bill Wilson）的朋友吗？"提及匿名戒酒会①创始人的名字常常是我们这些在酒瘾戒断康复世界的人使用的一种暗号，只要是在这一领域有切身体会的人都知道这一点。但是，令人震惊的是，与我们谈话的许多戒瘾顾问并不知道这个名字。如果他们从来没有亲身经历过或受过它的影响，他们又如何能够有效地跟别人谈论戒断毒瘾和酒瘾呢？有所

---

① 匿名戒酒会（Alcoholics Anonymous），又称戒酒无名会。它是一个国际性互助戒酒组织，由美国人比尔·威尔逊(Bill Wilson)和医生鲍勃·史密斯于1935年6月10日在美国俄亥俄州阿克伦成立，现在会员超过200万。——编者注

体验要远比在学校里学习理论有用得多。

理解了这两个要点之后，我们明白了一个道理：那些教授是一些头脑聪明却没有切身体会的学者，而且是名字后面挂着一长串头衔的学者，我们不需要再跟这些人探讨什么。我们需要跟那些工作在成瘾治疗一线的人交谈，他们对自己所做之事充满激情，既受过良好的学校教育，又在社会大学摸爬滚打多年。这个简单的方法改变了一切。我们开始招募那些跟我们有着同样战斗目标的人。因为戒瘾治疗也是他们个人的事情，与自身利益攸关，他们会像我们那样提出创新的解决方案。他们既有提供戒瘾治疗咨询所需的学校教育，也有从亲身经历或自己所爱之人的经历中获得的"街头智慧"。

**熟读深思**

重要的是要利用人脉和建立人际关系网来找到志同道合的人。虽然人际关系网的建立有多种方式，但你会发现，最大的支持者是那些他们的个人愿景与你所做之事有所联系的人。

当我们十分敬重的、学识渊博的教授告诉我们"我们所做之事是错误的"，或是其他人告诉我们：你们不知道自己正在做什么，应该立即退出。倘若我们没有从他们那里经受这样或那样的打击，我们今天就不会如此坚强。

对品牌优势的理解来自于我们被打倒、却不愿意倒在地上不爬起来的意志，来自于我们把自己坚定的"理由"变成了做任何事情的动力。挑战迎面而来，我们直面挑战。

困难并不重要，重要的是你如何面对困难。我们历经黑暗，不断走向光明，我们以及我们的企业变得更加强壮。每经历一次挣扎，我们就会发现事情对我们越来越有利。正是这些事情和压倒性的竞争优势让我们取得成功，而且会继续取得成功。

**改变你的用词**

为了进行一项有关儿童如何看待残疾人的研究，哈佛大学心理学家埃伦·兰格（Ellen Langer）来到一所学校，在教室里向孩子们展示一张照片，照片中是一个坐在轮椅上的人。她问孩子们："这个人能开车吗？"

正如你想到的那样，孩子们绝对是异口同声地说："不能。"

然后，她又去了其他教室。不过这次她把问题改成了"这个人如何才能够开车呢？"

没错，正如孩子们通常做的那样，他们给兰格提供了多种富有创造性的答案。

在为社会企业化经营促进研究中心撰写的文章中，居奇吕、迪斯和安德森分享了这一案例，在这篇标题为《社会企业化经营的过程》一文中，他们描述了社会企业家的一个非常重要的特征："成功的社会企业家会让'如何能够'这种态度具体化，"他们写道，"特别是在创意形成阶段。我如何能够将我个人的体验加以转变，从而对社会产生更大的影响呢？"

尽管莉萨做警察的职业经验和我经营夜总会的经验让我们在处理潜在的暴徒和危险分子方面游刃有余，但在创办企业时，我们还是会不断地面对不可预期的状况，这让我们大吃一惊。但是，随着企业的不断成长，最终我们组建了一个团队，并且对成员进行筛选优化，顾客群也在逐渐增加，我们必须和企业一起成长和进步。

回首往事，让我们感到高兴的是，我们拥有了自己的事业，它迫使我们敢于面对恐惧，并想尽一切办法克服这些恐惧，因为它将我们变成了不说"我们做不到"，而是说"我们如何才能做到"的那种人。

罗伯特·清崎写过《富爸爸你可以选择成为富人》一书。书名可不只是一句好听的话，它已经变成了我们的一句口头禅。它暗含的意思是我们要做出选择。我们并非只想换一种活法或是渴望致富，我们选择它，因为这是一个令人难以置信的增强自信的想法。就这么一点区别，一字之差，却揭示出希望某事和让希望变成现实之间的天壤之别。选择变成了我们的一种生活方式。这个词犹如涓涓细流，渗透并影响到我们生活的方方面面。我们选择所用之词、所思之想和所行之动。

一旦我们选择做富人，它就不只是让我们走上了一条终生学习的道路，而且它会影响到我们做出的所有选择。从我们工作的地点到我们如何消磨时间，再到我们与什么人合作，甚至到不愿意让任何形式的失败阻碍我们前进的步伐，我们已经做出了选择，并且再也不打算走回头路。对于我们而言，选择成为富人，获得健康、富足和快乐，意味着我们要将选择付诸行动，做出艰难的抉择，并完成困难的事情。

行动是我们改变生活的一个重要组成部分。同样道理,语言也是。我们开始寻找将要使用的词语。我们使用的词语既能给我们带来力量，也能让我们力量尽失。几乎每天我们都会问自己："这是一个鼓劲的词，还是一个泄气的词？这个词会帮助我们实现目标，还是会成为我们前进的绊脚石？"

我们讨论了一些可能会在我们的词汇表中盛行起来，并且暗暗削弱我们力量的词语。我们称它们为"寄生词"。每个人都有这样的词汇，而且会不假思索地使用，漫无目的地使用，一次又一次地使用。

无意之中它们暴露出我们对世界的怀疑和恐惧。

每天你都在使用多少这样的单词和词组呢？

**差不多（kind of）** 比如"我差不多解决了"。你怎么可以用"差不多"的态度对待事情呢？你要么解决了，要么没有解决。"差不多"这个词无非是表达你缺乏投入。你介于两者之间，骑墙观望。它只能说明你"体质虚弱"。

**我尽量（I'm trying）** 比如"我尽量戒酒"。想一想吧，真的没有什么事情是可以尽量一试的。当我们听人们说"我尽量"时，它传达的意思是，他们不会竭尽全力去做。如果有人想请你吃饭，而你说"我尽量去"，其实这反映了一个事实，那就是你不会去，你只是没有勇气表明态度，无法说出一个"不"字。

**我正在考虑（I'm thinking）** 比如"我正在考虑开一家企业"。当我们听到这句话时，说明说话者不可能做出什么有意义的行动。它暗含的意思是"缺乏了解"或"不确定"。这个词就是表示"不行动"和"拖延"。

**需要（need）** 比如"你需要找份工作"。开始建旅途康复中心时，我们听到太多遍这个词了，"你需要回校读书"或者"你需要成为一个顾问"。我们认为这个词是会消耗精力的，它在句子中出现时通常表明缺乏、依赖和失败。贫困是会令人绝望的。这个词含有穷人的意图，它会让人止步不前，而且只会想到索取而不是给予。可以选择更好的词，比如"选择""理应"和"开始"。

**救助（help）** 比如"救命啊！"这个词反映出绝望和缺乏个人能力。它一点也不会给人增添正能量。相反，我们使用"援助"或"帮助"这个词，因为它能为你鼓劲，而不是让你泄气。

**便宜（cheap）** 比如"买这个，它便宜。"这个词表达的是"与价格分离的价值"。这让我们感觉自己正在勉强接受产品的低质量。

相反，我们想用的词是"不贵"。

**应该（should）** 比如"你应该回到学校读一个学位。"缺乏权威或经验的人经常会表现出他们知道对其他人来说什么是最好的选择。我们不打算跌入"所有人都应该如何如何"这个陷阱中。

词汇具有无穷的力量和能量。甚至会影响我们的身体健康。请你自己检验一下吧。

一天，莉萨忙完企业的事后，她对我说："我累了。"

我评论道："这话你已经说了很多遍了。"因为她的确是这样的。我们都累了，甚至是筋疲力尽，但莉萨说得太多了，似乎这个词让她更累了。她意识到自己的确说过很多次，而且没有什么理由。毕竟，我们有什么理由必须告诉世人我们有多么累呢？那样做又有什么好处呢？会有人同情我们吗？那样会让我们不再累了吗？当然不能。

---

可能这些词多次发挥过作用，但请开始关注你使用它们的频率。乐意接受这些词语在内容上的改变，看看这会让你产生哪些不同的感觉。

---

她选择立即停止说"我累了"这三个字，或者至少不再对外宣称她累了。如此一来，有趣的事情发生了：貌似无休无止的疲惫开始从她身上逐渐消失。她不再公开声明，疲劳也就开始失去它的力量。

因为大部分时间里要忍受偏头痛，莉萨也做出了一个决定：当头痛时不再大声喊出来，甚至不再对自己说头痛的事。不久之后，她发现头痛正离她越来越远，现在她几乎不再头痛。用什么样的词真的很重要。

至于我自己，经过康复治疗之后，酒瘾仍然是我生活的一部分。但它总是次要的，是我每天要与之搏斗的对手。目前，在这场争夺身心的战斗中，我已经赢了。

我经常听到"你好，我叫某某某，我是一位酗酒者。"在我参加匿名戒酒会时，常会听到一位有 20 年戒酒史的人宣称他还是一位酗酒者。

"我是"是我们所用的最具力量的词语之一，它完全是在表达一种体验。在我看来，它常常意味着那人总是生活在 20 年前的经验或状态中，这使得他或她无法前进，丝毫不利于自身问题的解决。

某人的身体可能是酗酒者，但其精神则不是。

词语既有治愈人的力量，也有伤害人的力量。当你选择并且是有意选择提神打气的词汇时，它们会形成你的信仰，塑造你的未来。当莉萨和我开始改变我们的用语时，我们的思想开始改变。这是我们为改变生活而迈出的重要一步。

成功的社会企业家不会在开始战斗的时候问："我能赢得这次战斗吗？我真的能让饥饿的人吃上饭吗？我能解决这个问题吗？"相反，他们会问："我如何解决这个问题？我应该采取什么措施？目前我们还不知道的是什么？"在找到一个满意的答案之前，他们从来不会问那些问题。一旦找到了这些答案，也就意味着结束了战斗。

下面是我们为你提供的成功赢得战斗的小经验。

1. 至少花 10 分钟把让你感觉沮丧的事情写下来。然后，问自己"为什么"。如果你问的次数足够多，你会发现自己的核心战斗在什么地方。

2. 察看一下你用的词语。将你反复使用的词语列出一份清单。我们全都有这些会"占领"我们词汇表的"寄生词"。它们是会让我们改变的词。你对它们上瘾了吗？问你自己这个问题："这些词是给我鼓劲的，还是让我泄气的？"然后，选择那些给你鼓劲的词，选择那些能治愈你的毛病和改变你思维的词。它们会给你和你身边的人带来好处。你肯定会对此感到吃惊!

勇敢地选择你即将加入的战斗,了解它,从内心深处相信你可以战胜困难,并且有所作为!

**熟读深思**

你要定期亲自检验自己所用的词。可以要求他人协助你完成这个实验。当你说出某个"寄生词"时,让他人掐一下你的胳膊。要知道一个给人提神打气的词,它会让你的身体变得更强壮;一个让人灰心丧气的词,它会让你的身体变得更虚弱。

# 第七章
# 社会企业家的全球资源

投资者所想的相当于在一个煤气罐已被打开20分钟的房间里划着一根火柴。

——乔恩·卡森，公益拍卖网（BiddingforGood.com）首席执行官和董事会主席

幸运的是，我们利用富爸爸实现财务自由的原则（从无到有创造出某种东西）或者巴克敏斯特·富勒（Bucky Fuller）所表达的"积少成多，直到最终你可以无中生有做成所有的事情"这一观念，再加上借助其他人的资金，以及利用B-I三角抓住创业的机会，我们为第一家旅途康复中心筹集到了资金，并且最终建立了另外5家康复中心。这一过程不断地重复，而且变得相对容易。之所以说"相对"，是因为许多创业家没有让企业度过最初的5年，也就没有机会看到这一过程不断地被复制。其实，这些企业都坚守着同样的基本原则，唯一不同的是所获利润的大小而已。每过一年，我们都会反省自身犯过的愚蠢错误，并且变得更加聪明。

正如我们与你所分享的故事那样，对我们来说，创业伊始的筹资并不容易。事实上，创业第一年和我们第一次尝试获得资金是最困难的事情，因为我们一无所有，无法展示我们的辛苦努力，况且我们在康复领域也没有什么业绩记录。但是，我们筹集到了资金，在经历了一番波折起伏之后生存了下来。经营不到一年的时间，企业开始赢利了。根据小企业管理局的统计：每10家小企业中有3家会在创办第一年倒闭；然后，每10家企业中最终会在10年内倒闭9家。鉴于这一数据，我们觉得自己做了一件了不起的事情。

尽管这一数字可能令人震惊，但编撰一份切实可行的商业计划书，接受财商教育，具备一定的情商，有一个令人信服的"理由"，并能做到持之以恒，这些全都会提高企业的生存概率。

我们以前从未接受过财商教育，哪怕是最基本的那些。真不好意思，我们甚至不知道财商教育是什么。当然，在我们有了创办旅途康复中心的经验之前，我们知道成为"富人"意味着什么，那就是你永远不必为支付账单而和亲爱的人争吵，可以购买任何想要的东西，或者去想去的任何地方。当我要求父母为我买某件东西时，他们常常这样回答我："你觉得你是谁，洛克菲勒吗？"或者"钱可不是长在树上的！"听上去你是不是觉得很熟悉呢？

我们接受的是这样的教育：为了能够有钱并且成为富人，我们必须去上学，找到好工作，储蓄并且偿清所有的债务。（或者说，如果我们能够当上电影明星、职业运动员、医生、律师或政府的高层公务员，那就更好了）很少有人谈论"不用找一份'好'工作也能赚钱的方式"或者"如何从无到有发财致富"，更不用说讨论投资的困惑和潜在的风险，或者是"用钱生钱了"。

对于莉萨的家人来说，储蓄账户或401（k）计划是唯一增加收入的方式。对于我父亲来说，将他的现金交由别人攥在手里或进行投资的想法是荒唐的,他利用银行提供的服务只有一个目的,那就是让他有一个支票账户,如此一来,他就可以为供应商和员工付钱了。在他那一行里(稍等,我这一行也是),现金为王。我们需要不惜一切代价保证现金流的正常。

因此,你能看出我们两个对钱都没有太多的概念,不知道如何获得资金,并以此来开办企业。的确,我们并未真正理解钱是什么。但幸亏我有爸爸的建议以及他跟一位"隐富"的关系,加之罗伯特·清崎以及后来阿维的深刻见解,我们才开始渐渐提高财商。

正如之前我说的那样,通过犯错,每过一年我们都会变得更加聪明。只要你从错误中学到东西,犯错就是一件好事,你就会愿意犯错。在学校时,犯错是坏事,因此,我们在成长过程中害怕犯错,由此造成的结果是,我们不敢冒险,也无法抓住机遇。

在经营康复中心时,我们忽视了一项重要服务,那就是对治疗后续服务的需求。如此一来,完成28天康复治疗的顾客可以继续接受我们提供的服务。为了获得有效的增长,企业可举债经营,重要的是我们要多增加几家康复中心,以便提供满足各个层次需求的治疗服务。于是,我们在犹他州的桑迪市购买了一处豪华房产,它有6间卧室,带有3个洗澡间,它可以让那些想长期接受治疗的顾客能够付得起钱。这个分中心于2003年11月开业,我们称它为小溪边(Creekside)。另外,我们还在附近购买了一座公寓,它成为新的戒酒生活配套设施,对于那些想寻求额外的生活技能、支持和安全生活环境的人来说,不失为一个长期的住宅选择。它已于次年3月开门迎客。

企业经营顺利,我们本来可以止步于此的。根据富爸爸的教诲,为了得到一家位于B象限的企业,我们必须将业务扩展到其他州。这将是对我们的系统能否持续发展的一个真正的考验。也就是说,我们能否建立一家真正的企业。2004年末，我们将业务扩展到了亚利桑那州。2004年9月，我们在斯科茨代尔开了另外一家治疗中心，名字叫作太阳舞（Sundance）。2007年9月,我们开办了静修处（The Retreat），这是一家长期治疗中心，同样也位于斯科茨代尔。事实证明这个系统行之有效。现在我们拥有了一家真正的企业，而且是一家可以扩大规模的企业。

---

有时你不知道自己不知道什么。随着企业的成长，总有一些对你来说是新的或你从未想过的事情发生。当企业处于初创期、成长期或扩大规模阶段时，要把握全局，充分意识到许多潜在的可能性。

---

在接下来的几年里，我们继续投资于基础设施，并组建一支更强的团队。2012年初，我们在亚利桑那州的斯科茨代尔开设了6000平方英尺（约557.4平方米）的旅途康复治疗中心国际总部，它还包含一个门诊治疗中心。这个新平台使得我们得以扩展业务——在美国开设更多的治疗中心，并开启我们的国际特许经营连锁模式。我们继续利用富爸爸的财务自由原则，凭借我们的执照进行融资，并且向其他志趣相投的人提供商机。现在我们的治疗中心可以在全世界开分店了。

所有这些增长对我们的系统构成了一定的压力。直到此刻，我们所有的设施都在各自的街区内，现在我们可以发挥更大的作用了。我们必须开发能吸引最佳专业团队的流程、系统和结构，从而在多个地方经营治疗中心。

这也意味着要强化企业的使命，避免由于外部压力而导致使命的异化、重新调整或者改变。首次开门迎客时，我们会不惜一切代价接纳任何一个走进来的人，包括我们的员工和承包商。那时我们不是一家成熟的企业，没有完全理解我们所做工作的价值所在。这个教训是无价之宝，因为我们背弃了最初的使命，从而造成顾客和员工低估我们的服务。

---

为你的产品或服务评估一个价格，并坚持不变。你可以经常进行促销和折扣活动。随着企业的成熟，你可以根据成本模式和产品（服务）的内容调整价格。即使开始时我们确定了一套价格体系，我们也应时不时地问自己：我们能够提供什么服务？不要从价格入手，应以所能提供的服务作为起点做事。

---

虽然我们找到了一些有兴趣跟我们一起工作的专业人士，但我们意识到，他们中的许多人跟康复治疗没有什么关系。这种治疗常常与成瘾相关，而且是出于严厉的爱和法庭的命令而进行的。我们可不想让顾客精疲力竭，而是想在他们自己还能自立、自理的时候帮他们一把。毕竟，顾客已经很是自责了，不需要我们再刺激他们了。但这不等于不让他们承担任何责任。当顾客承诺坚持戒酒时，我们要让他们信守诺言，因为我们要对其进行很多的照顾，必须要让他们坦诚以待。实际上，我们常常难以听到真话。我们要创造出一个吸引他们接受治疗的环境，而且是有助于他们身心的治疗。

## 成功因素

哈佛商学院和道尔伯格全球发展顾问公司（Dalberg Global Development Advisors）对社会企业家进行了一次调查。有趣的是，我们的街头经验与它们的调查发现有着密切的联系。2011年12月，它们在一份题目为《向快速发展领域的领导人学习》的报告中披露了它们的发现，即对社会企业家来说取得成功绝对关键的三件事情是：

1. 一支稳固的团队；
2. 关注于社会使命并避免使命的异化；
3. 融资。

绝大多数的调查对象称融资是成功道路上的最大障碍。

对于大多数被调查者来说，创业的首次融资无疑是一项巨大的挑战。但对一些人而言，获得能让企业从初始阶段向前迈进到下一阶段所需要的更多资金，从而成为一个可以自我维持生存和发展的实体，则是一个更大的挑战。

米丽娅姆·舍宁说她在施瓦布的实验中看到了这一点。

"许多人声称在创业阶段非常困难，但我说那是正常的，"她说道，"从传统的商业意义上讲，天使投资不容易找到。但在美国、欧洲和新兴市场上，你总可以找到。而当社会企业家成功度过了最早的筹资阶段，需要扩大融资时，资金缺口就会大增。通常在20万美元和200万美元之间的项目，没有人会为其融资。对于基金来说，20万美元就太高了；而对于投资者而言，200万美元的额度就太小了。遗憾的是，大多数社会企业家的情况可能正好处在这个范围。"

阿育王创新者被广泛地认为是第一家以社会企业化经营为导向的组织，其创立者和首席执行官比尔·德雷顿说："毋庸置疑，金融部门乱糟糟的。仍然有95%的公民部门[①]（citizen sector）受困于机构融资，它们必须依赖基金和政府。从社会企业家起步的车库到获

---

[①] 所谓公民部门，是指世界各地深怀使命感的许多人所建立和经营的数百万个团体和组织，并通过它们努力满足迫切的社会需求。——译者注

得长期资金支持之间的差距是一种结构性的问题。"

在瑞信研究院（Credit Suisse Research Institute）主办的刊物《影响力投资：社会企业化经营重新定义了回报的意义》中，有一篇标题为《社会企业的基金增长》的文章，投资专家朱莉娅·巴朗帝那（Julia Balandina）说："社会企业家很难获得扩张性融资，与此同时，有影响力的投资者却在想方设法寻找可投资的成熟社会企业。这个行业需要提供一种能够扶植企业增长的资金，为那些正处于创业期的社会企业提供资金和支持，使其建立起既能创造社会价值又使财务具有可持续性的业绩记录。"

德雷顿指出，这种类型资金的两个主要来源（基金公司和政府机构）都存在缺陷。基金公司没有"神经系统"，"跟他们的客户没有什么联系。他们不必倾听意见。他们就像殖民地时期宗主国一样，每当他们到殖民地视察时，希望很多人等在机场迎接他们，在满足他们的需求时还要说着'是的，主人'，但在这些交流中很少有真正的尊重。"

德雷顿说：政府确实有"神经系统"，出于政治的需要，它常常把钱投入到那些高度组织化且能够分享利润的企业中去，例如承包商要排在需要资助的穷困家庭之前。

事实上，对许多投资者来说，为最热门的新事物提供资金是很有吸引力的。媒体倾向于重点关注时尚的东西，完全不顾这些经过实践证明可行的想法被半途而废。不无遗憾的是，这些可行的想法可能会提供更好的回报。

技术服务组织的布鲁斯·麦克纳莫说过，虽然说没有那么多可用的资本投入到社会企业中去，但我认为很大程度上是可用资本就在那里，却没有能力与需要它们的人真正建立联系。

"可用资本是有的，但它经常找不到可供投资的不错的小企业。

或者它能找到，但那些企业还没有准备好使用这一资金，不是企业没有计划，就是企业还搞不清楚如何使用这笔钱。于是，企业就会说它们找不到资金。所以，必须有一个撮合相亲的过程。"麦克纳莫说，"有时好几笔钱会追逐同一家企业。因此，你会发现基金X、Y、Z正在'追求'同一家企业，因为它们找不到足够多的已经为立刻使用这些资金做好准备的企业。"

因此，社会企业经常处于这样一种情况，即使是拥有开创性想法的企业也是一样：为了制定出令人信服的、可持续的商业计划，它们需要大量的扶持措施；寻找并识别可以经商或做顾问的志同道合的导师和同事；根据需要找到足够的资金来源，并且与基金会、其他企业、非营利组织或需要服务的对象建立良好的关系。

能够提供这种支持的机构数量正在逐步增加，这多亏一种新型组织的出现，它的目的就是为世界各地社会企业家的工作提供支持。

## 阿育王：大众利益的创新者

该组织于1980年在华盛顿特区创立，创始人为比尔·德雷顿。他是一位曾在哈佛大学、牛津大学和耶鲁大学就读的律师，曾任美国环境保护署前助理局长。他认为促进社会积极改变的最有效方式是把可持续、影响大和创新的解决方案运用到社会企业中去，阿育王创新者就是基于这一想法而建立的。它是以一位古印度国王的名字命名的，这位国王具有非比寻常的创造性、宽容心和全球思维，他宣布放弃暴力，并一生致力于公元前3世纪的社会福利。阿育王创新者在世界80多个国家开展工作，以多种方式支持社会企业化经营：

• 确认主要的社会企业家（阿育王创新者目前有会员约3000人），并向他们投资，以便帮助他们起步，并支持他们获得最大的影响力。

• 让数百位顶级社会企业家就共同的问题共同思考和行动，从而促进群体的创业精神。

• 建设能支持社会企业家及加强这一行业发展的基础设施，包括选址或提供种子资金融通和资本，并促进企业、学术界和政府等行业间的合作。

### 斯科尔基金会

斯科尔基金会（The Skoll Foundation）由杰夫·斯科尔（Jeff Skoll）于1999年创立，它的使命是：通过投资、联合，帮助解决世界上最迫切问题的社会企业家和创新者，从而促进社会的进步和发展。

为达此目的，它采取了很多方式：

• 通过与牛津大学赛德商学院合作办学，支持该领域的教育。从2003年开始，斯科尔社会企业家中心成为第一个致力于该领域研究的学术中心。斯科尔中心每年都要挑选5名攻读MBA的学生，为他们提供创业资金。这些学生要有一定的社会创新经历，并且会在毕业后继续创业。

• 通过"斯科尔奖"提供创业投资基金。

• 通过合伙人融资机构（银行、股权投资和担保人）进行与社会企业家计划有关的投资。

• 开展符合基金会使命的捐赠，用于投资与使命相符的公司或产品。

• 通过斯科尔世界论坛、社会企业家高级会议和SocialEdge.ore网站促进同行的交流和指导，该网站是服务于社会企业家的一个在线交流社区。

- 促进企业、基金会、非营利组织和社会企业家（包括阿育王、杜克大学社会企业化经营促进研究中心等）之间的合作，促成有效的长期改变、形成公共政策和推动创新。
- 通过广播和电影讲故事的方式广泛传播社会企业家所做的工作。

## 绿色回声

全球性非营利组织绿色回声（Echoing Green）取名于威廉·布莱克（William Blake）声称创造美好世界的诗，该组织由美国泛大西洋投资集团（General Atlantic）于1987年建立，旨在努力扩大慈善的影响。

- 时至今日，绿色回声已经在40多个国家提供了500多份奖学金，共计投入310万美元用于为富有开创性的想法提供创业启动资金，希望这些想法能够带来积极的系统性改变。
- 另外，绿色回声的"生态系统"主要是由社会企业家、致力于慈善事业的商界人士和投资者构成，他们通过其在线论坛展开相关合作，分享创意和才能。
- 其"社会企业投资委员会"是领导者和革新者的社区，他们致力于为成员捐款或筹集资金，并支持积极的全球性变革。他们向社会企业家提供具有深刻见解的重要人脉。
- 绿色回声的"有目的的工作计划"向千禧一代提出了挑战，鼓励他们寻找既适合自己，又有益于社会的事情。通过"有目的的工作计划"组织的相关活动、研讨会和在线交流社区，有史以来人数最多的代际群体可以学会如何改变自己的生活，并让世界更加美好。

## 施瓦布社会企业化经营基金会

施瓦布基金会由克劳斯·施瓦布（Klaus）和希尔德·施瓦布（Hilde Schwab）于2000年建立，他们是世界经济论坛的创始人。20世纪90年代，施瓦布夫妇遇到了穆罕默德·尤努斯，尤努斯和其他的创新者给他们以启发，激励他们创建了一个独立的基金会，旨在确定那些对于贫穷、健康、教育或环境挑战有影响的创新型解决方案。在世界经济论坛的呼应下，施瓦布基金会带着社会企业家参与到一系列活动中，比如在达沃斯举行的世界经济论坛的年会，由于世界各地的很多领导人齐聚于此（包括大约40个国家的元首和总理、《财富》500强公司的首席执行官、学者和媒体领导人），使得社会企业家有机会和这些领导人建立联系和互动，了解社会企业的经营模式。施瓦布基金会为社会企业家提供了大量的催化剂：

- 该基金会主持颁发世界范围内的国家社会企业家年度奖，并主办涵盖非洲、拉丁美洲、中东地区、欧洲和亚洲在内的地区性竞赛。大约筛选1000名候选人，胜出者会被选择加入基金会独有的、富有价值的全球网，受邀出席世界经济论坛的地区性或全球性活动，其中包括在瑞士达沃斯举办的年会。

- 该基金会通过其全球交流社区促进平等交流和合作。"对于其他地区来说，我们是一个令人关注的跳板，因此它允许社会企业家带头进入新的国家和大陆，"该基金会主席米丽亚姆·舍宁说，"他们的创新活动与政府首脑或首席执行官建立了重要的联系。这是我们渴望达到的一部分目标。我们致力于传播这些模式和创新，但也派出代表培育这一行业，并对新出现的社会企业家提供支持和帮助。"

- 虽然施瓦布基金会没有在与其合作的任何一家社会企业进行投资，但它会经常为社会企业家承担参加世界经济论坛活动的旅行费用。它编制的《社会投资手册》成为社会企业家从投资者那里筹集资金的一个重要工具。《社会投资手册》使得有影响力的投资者源源不断涌来。据舍宁说：许多社会企业家缺乏获取这些资金的知识，而且许多基金并不十分热衷投资社会企业。这本手册旨在提供急于寻找投资项目的基金信息以及它们在投资方面的选择标准，它也向每一个社会企业家提供各种有意义的资本信息，如何知道自身何时已经为利用资本做好了准备，以及使用何种语言对于快速启动融资对话是有帮助的。

- 施瓦布基金会也正在开发管理工具，以此指导领导人制定支持社会企业化经营和发挥资本流量作用的规章制度。

### 影响力投资

近些年来，出现了一种新型的投资资本，它们专门支持能产生一定社会回报的企业。至于有影响力的投资，投资回报的想法远不只是追求金钱，而且投资者不再是鱼和熊掌不可兼得，不必在投资新创企业或向非营利机构捐款之间选择其一。通过投资社会企业，他们当然要寻求适当的融资回报，但他们主要寻求的是将改变社会当成他们的主要投资目标。

据非营利组织全球社会影响力投资网络[①]（GIIN）推测，截至2014年，影响力投资市场会增长至5000亿美元，增长率接近60%。

影响力领域的投资方式包括：

- **环境债券**：除只是为环保项目或缓解气候变化计划筹集资金

---

① 全球社会影响力投资网络(Global Impact Investing Network，GIIN)是为了促进社会影响力投资发展而成立的非营利组织，由一群社会影响力的开路先锋于2009年共同成立，其成立的使命之一就是为社会影响力投资建立产业标准。——编者注

而发行外，绿色债券和气候债券可以是普通的可交易债券。这些债券的回报通常是免税的。

- **疫苗债券**：依据瑞士信贷所说，这些债券"将多年的外国援助承诺转换成即时现金，如此一来，疫苗便可以较早用于接种，而且可以让更多的人受益"。
- **社会影响力债券**：这些债券引导基金投入社会性项目，由政府支付利息，利率的高低随对创业成败的评测而定。

目前，影响力投资领域存在的最大问题是衡量影响力的理念。追踪一家典型的新创企业的成长相对容易，但如何衡量新创企业呢？它要赚多少钱呢？说到影响力投资，你如何测量你为这个世界所做的善事呢？它具有主观性，而且难以测量。人们已经开发出一些工具，比如影响力报告与投资标准（IRIS）和全球影响力投资评价系统（GIIRS），用于帮助投资者评价影响力，但它尚不是一门精确的科学。

### 谨防使命异化

筹集投资资本时需要谨慎的一个原因是随着时间的流逝而产生的"使命异化"。米丽亚姆·舍宁说这是社会企业家面临的一个主要挑战。

"大多数所谓社会投资者或影响力投资者正在寻找有10%以上回报的投资。如果是基于这样的期望，你又能产生多大的社会影响力呢？"她还说，"它会减缓组织的使命异化。社会企业家可能更具有社会使命的导向，但随着你（投资者）进入董事会，就会感觉你在经营一家扩张中的企业，这会对他们努力帮助的人产生有害的影响。"

> 不管是钱的原因,还是相关的投资者促使你这么干,抑或是公司开始转变方向,总之要小心使命异化。如果公司选择改变方向,也要确保看一看使命宣言,尽可能与之保持一致。假如企业的使命表达出了你所做之事的核心,这种情感会更易于让顾客与企业紧密相连。

换言之,愉悦投资者的渴望会造成企业家为了集中创收而转变其社会目标的方向,或者放宽企业的政策。例如,使命是向低收入者提供廉价住宅的企业可能会为了获取更高的利润而更多地瞄准中产阶级的消费者,从而失去消费者的信任。不无讽刺的是,这反而会影响到盈亏结果。等待合适的投资者而不是接受第一个向你投钱的人可能是避免此类问题的关键。

我们从自己的使命中还学到了一件事情,那就是如果我们能坚持自己的使命不动摇,利润自然来到。

## 资　源

- **社会资本市场(SOCAP)**:"在金钱和意义的交叉点上"是为每年举行的这种系列活动树立的标语,这些活动旨在将全球的创新者和可能会提供资金支持的投资者、基金会和有关机构联系起来。通过其在各种媒体上发表的时事通讯和文章,社会资本市场传播着这一领域的最新消息。

- **善意资本**:这是一家拥有创投基金的投资公司,其目标就是社会企业。除了加速资本流动之外,善意资本创投基金致力于"与同行的合作,贡献思想领导力(thought leadership),分享我们的经验和创新产品及工艺，从而使得具有社会意识的资本市场蓬勃发展起来。"

- **全球社会影响力投资网络（GIIN）**：一家致力于消除障碍，从而改进影响力投资效果的非营利组织，其中包括对投资者自己关于社会企业部门影响力的测量。

### 公益公司的崛起

公益公司是一项有趣的发展，值得加以解释。我们曾经问过加勒特·萨顿（Garrett Sutton）如何看待这一趋势。加勒特是富爸爸顾问系列书籍《富爸爸如何创办自己的公司》和《富爸爸如何经营自己的公司》的作者。

顺便说一下：作为20世纪80年代早期华盛顿特区的一名律师，加勒特在阿育王成立初期为比尔·德雷顿工作。下面是加勒特的一些想法：

当热心公益事业的冰淇淋制造商本杰瑞（Ben & Jerry's）在2000年被拿出来拍卖的时候，它面临着来自内部和外部的双重挑战：它可以卖给谁？在出售时它们应该对谁负责？

该公司收到了两方的报价。一方是心系社会的购买者，其价值观与本杰瑞的价值观非常接近。另一方则是大型的跨国公司联合利华，它是斯丽法（Slim-Fast）、立顿红茶（Lipton Tea）、多芬（Dove）、凡士林（Vaseline）、VO5洗发水（VO5 shampoo）和赫尔曼蛋黄酱（Hellman's Mayonnaise）等无数品牌的制造商。

联合利华的报价较高。但报价较低的一方与公司现有的文化和使命更加契合。本杰瑞进退两难，选择权落到了本杰瑞公司董事会手中。公司的律师劝他们说：如果接受较低的报价，他们可能会受到股东的起诉，提醒董事会将股东的价值最大化，坚持他们对于投资者的受托责任，因此，他们必须接受最高报价。

从技术上讲，这是正确的建议。无数的诉讼案件都是维护董事会最有利于股东的请求。

因此，本杰瑞冰淇淋公司出售给了联合利华。

但公司必须让谁受益的问题再次被提了出来：是偏向股东，还是其他群体和利益相关者？商业判断法则会保护行为出于善意并忠于公司的董事会。正如本杰瑞公司的董事会深切感受到的那样，忠于其他人则会导致这一保护措施的失败。

与此同时，越来越多寻求治理环境和社会问题的企业家和投资者开始产生。如何最大化地实现这一目标需要思想的渗透。对这些先行者来说，关键的问题是如何在一种商业环境中解决问题，但还不必挂念着实现利润的最大化。利润当然需要。企业必须维持下去，要不然也就没人从中受益，企业也就失去存在的意义了。但利润要最大化吗？不，必须有一种有利可图的方式，让你在赚钱的同时不用担心自己是否拿着钱送了人情，也不用担心因为未能实现股东价值最大化而受到起诉。

一家叫作"公益实验室"的非营利组织积极投身于公益事业。它们的观点是这样的：如果你能够对传统模式稍加改进，或许你就能改变整家企业的活力，从而采用从来没有想到的方式有效地解决问题。

这就是现在正发生的事情。

但在研究公益公司之前，让我们先探究一下其主要的替代选择为什么在这种环境中从来没有真正地发挥过作用。

大多数人对非营利组织并不陌生。一旦获得501（c）（3）非营利身份（以美国税务局法令条款命名），就等于被授予了享受某种税收优惠的特权。捐助者的捐款可以减免税收，而且非营利组织筹集到的任何款项都是免税的。因此，如果一家501（c）（3）慈善团体从10位捐助者手里每家筹资1万美元，那它就不必为筹集到的10万美元缴纳税收，而这10位捐款人每家可享受1万美元捐款的税收减免。此条款清晰地界定了慈善目的，并且遵守所有规定的非营利组织将会健康发展。

但此条款也存在着某些约束，限制着非营利组织的资金来源和分配。首先，它们不能分配利润，这使得公益公司无法吸引投资者。

你永远不会听到有人说："你无法相信我从麦当劳叔叔之家①（Ronald McDonald Houses）分得了大量红利！"那种方式肯定不会奏效。作为一个向一家符合501（c）（3）条款的非营利组织的捐款人，你的分红是精神的（做了善事）和实际的（减免了个人所得税），但它们不是真实的（现金回报）。

此外，随着美国联合劝募会（United Way）滥用资金的丑闻被曝光，非营利组织开始限制其员工的工资。如此一来，非营利组织就更难赚钱、援助和留住有才能的人了。寻求解决复杂且棘手问题的社会企业家会需要最优秀和最聪明的人，而且必须向他们支付工资。世界级的人力资本需求使得非营利组织无法应对这一重大挑战。

最终，非营利的规定限制了创造收入的活动。企业的可持续发展和扩大经营这类事情对私企来说再正常不过了，但在非营利行业却是被联邦税法严格禁止的。

因此，吸引投资者、向优秀人才支付工资和扩大企业规模，以及让群体而不是只有股东受益的需求导致公益公司的产生。

公益公司是传统的公司，它们享有有限责任保护，缴纳相同的

---

① 麦当劳叔叔之家慈善基金是由麦当劳资助的一家国际性非营利组织。麦当劳叔叔之家成立于1974年，为患病留院的儿童及其家人提供一个"家以外的家"。——编者注

税收，只在以下三个方面略有不同：

1. 公司的目的是积极地影响社会和环境；

2. 拥有顾及员工、社区、环境以及股东利益的扩大了的信托责任；

3. 出具描述公司在社会和环境方面总体表现的年度报告。

公益实验室设法在美国马里兰州让公益公司开展起来。该州于2010年开始授权公益公司的运行。其他几个州也纷纷步其后尘，其中包括加利福尼亚州和纽约州，更多的州正在准备立法。可以预期公益公司将会扩展到美国所有的50个州，就像有限责任公司在20世纪80年代和90年代风行一时那样。另外，自从2005年以来，英国的法律也批准了类似的"社区利益公司"。现在，其他国家也正在考虑类似的立法。

在接下来的几年里，有关公益公司的几个关键性问题将会得到解决。投资者会选择公益公司吗？具有社会责任感的投资运动给人们留下了深刻的印象。超过20亿美元将要投入具有社会责任感的企业。这个数字接近全部美国政府管理资产的10%。投资者愿意在做更大慈善的同时接受较低的回报吗？时间会说明一切。

创建公益公司的目的必须是创立一个"公众受益"的公司。公益公司也获准确定一个或更多特殊的公众利益作为自己的目标。《示范法》是各州起草自己的公益公司法律时遵循的模板，《示范法》102(a)条款允许一定数量的特殊公众利益：

1. 向低收入、服务不完善的个人或社区提供福利性产品或服务；

2. 除在企业的正常业务过程中创造就业机会之外，促进个人或社区经济发展的机遇；

3. 保护环境；

4. 增进人的健康；

5. 促进艺术、科学或知识的进步；

6. 加速资本向拥有公众利益目的的实体流动；

7. 实现其他任何能给社会或环境带来特殊利益的公益事业。

通过将普通大众和特殊群体的公众利益结合在一起，使得（公益）公司免于仅满足各方股东的利益需求。但这种保护能延伸到多远？公益公司要对股东负80%的责任吗？还是负51%的责任？或者它们对股东不用承担任何责任？因为法律非常新，我们还不知道结果。出于保险起见，我们建议你永远不要忘记让你有今天这个表现舞台的可是投资者（和他们的钱）。再次强调，这就是为什么从一开始就选对投资者至关重要，因为只有选对投资者才不会导致企业的使命异化。

在考虑什么事情对公司最为有利时，公益公司的董事会必须审视很多问题。《示范法》301(a)(1)条款要求董事会：

须考虑任何作为或不作为对各方产生的影响:（1）公益公司的股东；（2）公益公司及其分支机构和供应商的雇员；（3）作为公益公司普通公众利益和特殊公众利益受益人的顾客的利益；（4）社区和社会因素，包括公益公司及其分支机构和供应商所在的社区；（5）当地和全球的环境；（6）公益公司的短期利益和长期利益，包括公益公司长期计划给公司带来的利益，以及通过公益公司继续独立运行而使这些利益最大化的可能性；（7）公益公司实现其一般公益目的和特殊公益目的的能力。

有很多方面需要考虑。在做出正确决定时你如何权衡所有这些因素？你可能会认为有些董事在他们必须做到股东利益最大化时还怀念过去的日子。现在他们必须考虑员工、社区、环境、目的等因素。这些因素怎么排序？各自占多大比例？如果你的所作所为有利于环境，却伤害了员工，那会怎样？有人会因为某个议题在董事会的决议中重视程度不足而向法院起诉吗？过去一维的商业判断法则也许应该变成三维的社会矩阵。

随着法律不断取得新进展，还会有一些未知的东西呈现出来。如同对于股东的责任一样，"董事会需考虑所有因素"这一要求会被未来的立法具体化和重新定义。

但是，实际情况是，公益公司将是变革企业和社会的一股强大力量。随着它被广泛应用，以及企业家采用新方法应对新挑战，你将看到一大批公益公司致力于改善这个社会。

**熟读深思**

如果你围绕着富爸爸的 B-I 三角设计你的社会企业，投资者将会发现你的企业更专业、更吸引人。投资者正在寻找拥有卓越的团队、极大社会价值和正现金流的社会企业。将这三方面全部写进你的商业计划书，它将让你与众不同。

# 第八章
# 有社会责任感的公司

资本主义前所未有地提升了效率,创造出大量就业机会,带来财富,但其狭隘的观念阻碍了企业满足更广阔社会需求的潜力。机会早已存在,但始终被忽视。迎接资本主义新概念的时刻到来了,企业的意义必须被重新定义为创造共享价值,而不是利润本身。这将推动全球经济下一轮创新和增长。学会如何创造共享价值,是企业重获新生的最佳机会。

——迈克尔·波特(Michael E. Porter)
和马克·克雷默(Mark R. Kramer),
《创造共享价值》(*Creating Shared Value*)

我们要说的是,为了做有益于世界的事情,或为某个社会问题而战斗,你不必辞去工作着手创办一家社会企业。毕竟,情绪上的大起大落和创业的高风险并不是每个人都能承受的。将做社会慈善的渴望转变成利润,而不必创立一家具有这种单一目的的企业也是有可能的。许多人喜欢跟他人一起,为现有企业的使命而工作,并且非常擅长此事。每个人都有自己的长处，我们应该将其发挥出来。

事实上，今天有很多人工作在有社会责任感的资本主义企业。这些最有见识的实践者认为，动员现有企业做慈善是促使现实世界发生改变的根源。

为什么不做一个"社会内部创业者"呢？即做一个在公司或组织内部工作，但能提出解决社会问题方案的人。作为内部人员，社会内部创业者会利用摆在他们面前的团队和财务资源，甚至是为众人所熟知的品牌或名称，将社会公益导向的项目恢复活力，并凭借团队合作和政治头脑等技巧完成工作。

很多人想做一些对世界有益的事，但他们需要挣工资，"泽维尔·赫尔格森说，"大量公司高管的工资已经升到了6位数。但是，具有社会使命感的公司拥有的不公平的优势之一是它们会接触到其他公司无法接触的员工。像我这样的人从来不会为一个不具有慈善价值观的公司工作的。因此，公司必须考虑它将如何处理这一问题。"

幸运的是，越来越多的企业意识到员工和消费者逐渐青睐履行社会责任的企业。它们也逐渐意识到这些实践的确会提高企业的生产力，促进生产的改善，提供更令人满意的产品或服务，并可以增加企业的盈余。

### 隔离墙

为了充分利用自身优势来做社会公益，企业不断地寻找与非政府组织、非营利组织或阿育王所谓"公民部门"开展合作的方式。

正如之前我们说过的那样，词语很重要。阿育王在其网站上解释说："越来越多的同行组织已经放弃使用'非（营利组织）'这种词了。我们使用的是'公民部门'和'公民组织'。为什么？因为公民是部门的根本，公民是关心他人、采取行动服务他人，以及将想要的改变实现的人。我们认为，当一个或几个人共同致力于积极的社会变革，他们就会变成完全意义上的公民。"

2009年，在为《哈佛商业评论》撰写的文章《致力全球变化的新联盟》中，比尔·德雷顿探讨过企业与公民部门组织（CSOs）合作的重要性。"企业和公民部门组织之间的合作已经达到了引爆点：它正在变成标准化的运营流程，"比尔·德雷顿写道，"我们认为，如果你现在没有考虑这种合作，那么，很快你就会对这一战略失误而感到愧疚。"

德雷顿把社会企业当前的收益（商业收益和社会收益）叫作"循环往复的时尚"，意思是某事物匆匆而去，一如它匆匆而来。"谈论社会企业的人凭直觉理解某件事情，但他们却是用传统的眼光看待它。我们身处时尚大潮之中，每隔4～7年就会涌现一次。投资者把它看成是似乎新发生的事情，谁不想做既能挣钱又能做慈善的投资呢？随着时间的推移，你可以举出很多这样的例子。新发现的创意火了，然后许多具有善心的人带着钱而来。但是投资机会不会突然增加。最后，许多这样的资金因为找不到合作的项目而停止提供资金来源。企业和社会的合作既重要，又方兴未艾，但投资者偶尔的投资行为没有太大帮助。"

社会企业家系统性地改变着世界，但在公民部门组织和企业之间似乎矗立着一堵墙，习惯性地阻碍二者共同发挥作用。因此，拆毁这些墙正是社会企业家的职责所在。

以穆罕默德·尤努斯为例。无数公民部门组织已经在孟加拉国和其他发展中国家实施了几十年，它们都是直接针对贫困和饥饿问题，并着手加以解决。同时，金融机构的首要责任是对股东负责，考虑到穷人缺少贷款担保物或收入，它们传统上是回避向穷人贷款的，因为风险太高。格莱珉银行正是要彻底摧毁横亘在企业和社会之间的这堵墙。

这并不是说企业不关心社会慈善和公益活动，它们经常关心。许多企业加入了企业慈善的行列。

企业慈善有着悠久而丰富的历史，美国公司是建立在"回报社会是企业的责任"这一理念基础上的。为了履行这一责任，它们会通过赞助、筹款晚宴上购买坐席、员工捐款支持联合劝募会①或当地交响乐团等公益事业。

公司慈善有点像企业派出一个使者翻过墙去支持社会。

但是，先进的企业已经逾越了这堵墙，它们开始做企业社会责任项目。在此，它们与社会产生了真正的接触。

"企业社会责任"这个词指的是首创精神，这种首创精神可以解释为企业对社会和环境的影响。不仅仅是做慈善，在保护和改善与企业有联系的社会生活的同时，企业社会责任项目还可以支持企业。就像是从事企业社会责任项目的企业正在那堵墙上打洞一样。

最值得称赞的目前正在运行中的企业社会责任案例之一是罗美尔·阮（Rommel Juan）及其巴洛特节日食品公司（Binalot Fiesta Foods）。"Binalot"在菲律宾语中的意思是"包装好的"。

通过其企业社会责任项目DAHON（Dangal At Hanapbuhay para sa Nayon），巴洛特成为全球公认的创造共享价值的领袖。从2007年开始，DAHON从采购粗陋的香蕉叶起步，香蕉叶正是包裹巴洛特菲律宾快餐的包装物。通过购买香蕉叶，DAHON项目帮助了内湖省纳卡兰（Nagcarland）的农民。

---

① 联合劝募是一个以社区为基础的系统。它是一个自给自足的系统，并且能动员来自社会各领域的地方领袖。这些领袖共同合作以确认社会的需求并协助解决健康与人类福祉的问题，他们也举办社区内的募款活动，以支持组织本身及其计划的运作。这些计划的目的是满足人类最迫切的需求并且改善生活品质。——编者注

该区是巴洛特香蕉叶专门供应商和切割者的所在地,为巴洛特节日食品公司提供高质量、安全可靠的香蕉叶,这种合作关系不仅让巴洛特受益,而且也让社区受益。割叶的妇女现在每天可以赚约200比索,而且可以保证农民获得稳定的收入。同时,从叶子上修剪下来的多余部分现在可用于社区的堆肥原料,而在过去,它们通常会被扔进垃圾堆。

巴洛特甚至还为社区的小教堂或托儿所修理房屋,并涂上一层新的油漆。巴洛特目前正探索开发菜园的可能性,以便增加农民向饭店的蔬菜供给。

2006年台风象神袭击了菲律宾,DAHON项目变成了现实。那次台风彻底摧毁了吕宋岛的香蕉叶作物,这里可是巴洛特的香蕉叶产地。阮仍然记得,"我们只好从其他岛进口香蕉叶,那太贵了。"他与哥哥创立这家企业,并按照妈妈为他们准备野餐食物的方法对产品进行包装,那就是用香蕉叶包装,方便携带。

"我们不会因采购香蕉叶的成本上升而对特许经销商采取高定价,因此,我们自己消化了成本。"他继续说道。

这种做法是不可持续的,阮的姑姑经营着自己的连锁咖啡店,如果不是她带着阮参加了一个在印度尼西亚召开的企业社会责任论坛,巴洛特很快就会难以为继。"我意识到我们能够帮助他人,它(DAHON项目)也会对我们的企业有利。因为台风,我们直接去了内湖省的那个社区,大部分的香蕉叶来自那里。"

他曾经期望这一想法会被该社区广泛接受,但情况并非如此。他几次尝试说服当地农民,让他们相信可以找到一种双赢的合作模式。不过,他们只想罗美尔·阮把他们的孩子带回马尼拉,并给他们安排工作。

但阮确信,只要他能买到所需的东西,他的想法就能奏效。最后,一位社区领导人站了出来，同意组织社区满足巴洛特第一份香蕉叶订单：只有一捆，这些香蕉叶足够在巴洛特餐厅做 200 份菜用的了。

"之后我们又订了 300 捆，"阮说，"当我们下一周返回时，他们很高兴，也很震惊。我必须向他们保证生意还会继续。"

通过 DAHOW 项目，巴洛特确保自身可以获得一个稳定可靠而且高质量的香蕉叶供应，并以此开展经营活动。与此同时，纳卡兰居民的生活也得到了改善。

该项目从一开始就取得了巨大的成功。2007 年，联合包裹服务公司（UPS）在其成立 100 周年之际举办了"创造性"小企业竞赛，巴洛特节日食品公司获颁百年大奖，并把 1 万美元奖金直接送到了内湖省的那个社区，用于改善当地妇女割叶操作的现代化作业，并以公平的工资雇用她们。

各种奖励纷至沓来：2008 年菲律宾公共关系协会银砧奖的优秀奖（Anvil Award of Merit）；2009 年《企业家》杂志特许经营奖的"最佳本土特许经销商"和"成长最快的特许经销商"；菲律宾零售商协会"菲律宾杰出零售商"称号。2010 年，巴洛特获得了英特尔和亚洲管理学院企业社会责任奖（Intel-AIM Corporate Social Responsibility Award），资金为 2 万美元。

罗美尔说："有这样一种说法，如果你给予，你就会得到千倍的回报。对于我们来说，回报达到了 2 万倍。"

他认为两件事情确实帮助 DAHON 项目取得了成功，建议其他接受企业社会责任理念的人作以下两个方面的考虑：

1. "有人应当专门负责此方面事务，否则，事情就会跑偏，因为没有人关心它。"巴洛特有一位企业社会责任项目经理，他在每次会议上都会提供最新的项目相关信息，这对任何战略性的公司讨论都是不可或缺的。

2. 在与发展中的村庄或国家合作时，阮建议让当地政府或社区领导人参与进来。"我认为这有助于社区的领导成为这一项目的队长。找一些这样的人，让他们成为你在当地的合作伙伴，让他们组织，并全心地投入其中。"

另外一家接受公司慈善并扩展至企业社会责任项目的公司是位于斯莫良斯基的生活方式食品公司。该公司不仅在克菲尔[①]中使用由当地农场提供的天然、有机原料，而且其加工厂在生产中使用可再生能源。

朱莉说："从孟加拉国归来，目睹那里的妇女和儿童特别是女孩正在遭受难以置信的贫困，这让我十分沮丧。我感觉自己要发挥一些作用，帮帮她们。"

但是，面对传统的筹资方式，她大失所望，并把它描述为"购买一个餐桌席位，听一个人讲话，受到一点激励，为一个餐位付几百美元，或者用5000美元拍下某件物品。它更像是一次结识人脉的机会，而不是脚踏实地做慈善，也不可能带来真正的改变。"

根据参与母爱如山机构的经验，她亲眼看到了格莱珉银行的小额贷款所产生的影响，目睹了只有5美元至15美元的贷款如何让一位妇女购买几只小鸡或一台缝纫机，以便开办一家小微企业。"我认为小额贷款模式使得参与者拥有所有权，可以承担起还贷的责任。"她说这教会了她们"捕鱼"。生活方式食品公司打算在自己企业上应用这一概念，具体做法就是向女孩和妇女提供小额贷款，以便让她们在自己的村庄开办克菲尔的加工和经营。目前，公司已经进入选址流程，第一家生活方式村庄（Lifeway Village）项目将在一年内启动。

---

① 克菲尔（英文：Kefir）是一种发酵乳，发祥于世界第一长寿地区的高加索。——编者注

然而，企业社会责任常被当今公司理解为与公民部门的合作，但在有些公司，它产生了意料之外的后果。企业社会责任项目的危险之一是它变成了企业业务组合中的一个点，变成消费者眼里的友善之家。很多情况下，企业社会责任项目变成企业业务范围内很小的一部分，甚至被边缘化，从而导致经常没人知道企业还有这样一部分业务，最终沦为窝里斗和股东抱怨的对象。对于很多参与企业社会责任项目的人而言，他们的工作大都用来平息由拥护者或反对者引发的麻烦，反而无法集中精力帮助社区发展。大量企业社会责任项目就是这样告终的。

然而，企业慢慢开始认识到那堵"墙"的存在，不仅想方设法突破它，而且正在寻求将它拆除的办法。因此，聪明的公司意识到它们应该投资自己了解并且能够发挥作用的项目，即与公司主营业务一致的项目，而不只是给贫穷的村民钱，甚至通过将他们纳入到供应链的方式来向他们伸出援手。

迈克尔·波特和马克·克雷默将这些机会称为"共享价值"，而德雷顿则称之为混合价值链模型（HVC）。波特和克雷默是基金会战略集团（FSG）的创始人，它是一家非营利的社会影响力咨询公司。基金会战略集团的"共享价值"观念将企业经济价值和社会价值完美结合，并且完全符合企业、消费者和全球的整体利益。

波特和克雷默为《哈佛商业评论》写了一篇标题为《创造共享价值》的文章，并对这一观念进行了解释："大多数公司仍囿于一种'社会责任'的心态，视社会问题为边缘化的事情，而非核心议题。解决办法必须建立在'共享价值'这个观念上，即在创造经济价值的同时，还要通过满足社会需求和应对社会挑战，创造社会价值。"

凭借共享价值原则，或籍由混合价值链的模式，公司和公民部门组织之间的合作增加了参与各方的福利，增强了它们的活力，并实现了共赢。"一旦你用企业家的方式彻底拆除横亘在企业和社会之间的这堵墙时，你就会看到它已经普遍存在于世界各地，拆除它，你就能创造出无数的就业岗位。"

以房地产业为例。2010年秋，印度政府发表报告说大约需要2470万套经济住房才能满足无房者的需求。同时，其2/3左右的劳动力是由"非正式工人"组成，他们干的活可能是在当地集贸市场上卖菜等。他们的工资虽然常常用于养家糊口，但却无法提供传统意义上的收入证明，即使想要一个可以买得起的小户型住房也无法获得贷款资格。

银行不会给他们贷款，开发商在没有资本市场为他们付款的情况下也不会建房。而公民部门组织跟基层居民打交道，非常了解他们的需求和能力，却不擅长房地产开发或建设，他们也不可能让企业去开发或建设。

他们碰到的是一堵墙，这堵墙阻止了各方的合作。德雷顿说："你解决不了这个问题，除非你聚集企业的力量做你擅长的事，让公民部门做它擅长的事。如此就行得通了。"

在阿育王及其会员的指导下，企业和公民部门组织共同致力于一个叫作"为所有印度人建房"（Housing For All India）的混合价值链项目，成立它的目的就是要拆除那堵墙。

在阿育王的支持下，公民部门组织开展了一项研究，旨在向印度开发商表明确实存在低收入者的住房需求，每套房价可在1.5万美元的水平，而且他们最终还能从建房中获利。阿育王的会员与银行一起努力，通过展示这些类似工人收入的研究结果，为"非正式工人"开发可贷款的商业住宅，并为银行提供它们会从这一新兴市场中受益的证据。

> 一路之上几乎总有墙或其他障碍物。它们是可以被识别的,也能找到相应的解决方案,或是知道找谁去寻找解决方案,以便可以继续前进。世界上到处是想产生影响的企业家和普通大众,如果我们联起手来,就可以更快地找到解决方案。

"建筑商盖房,他们乐于盖更多的房子。他们喜欢这个新兴市场,"德雷顿说,"现在投资者也有一个新的大市场了。公民部门有了一个服务其客户的方式和收入来源,这意味着他们不必与政府打交道了,他们反感政府。而那里的人现在可以得到住房了……如果你能以单价1.5万美元的价格建设2470万套住房,那就是一个近4000亿美元的市场空缺,现在开发商可以为之服务了。每一个转变都是一个(企业/社会)混合价值链。我们的目标是,从现在开始5~6年以后,任何行业的任何人,只要他们思考自己的成长战略,首先问的问题就是'我们附近有一堵墙吗?'如果有,他们会知道自己很有可能实现生产力的重大突破,因而在财富和服务上也会有重大突破,而且是触手可及的,只要他们知道如何建立一个混合价值链,并在合作上让原先各自为战的团队做到强强联合。"

为了确认类似有可能变成机会的墙,企业正在逐步转向基金会战略集团、技术服务和赫尔希公益这样的组织,在与非政府组织、非营利组织、政府、基金会建立伙伴关系方面寻求指导,或转而从事与它们的使命相一致的公益事业,并将它们播撒到世界各地。施瓦布基金会也在促进首席执行官之间的思想交流,以强化有社会责任感的企业。

"起初,我们的客户是那些知名度较高的公司,"赫尔希解释说,

"但这项工作做了 5~10 年之后，我意识到我们热爱这份工作在于它能帮助别人——能帮着抚育小孩，能让人有鞋穿。在这些事上伸手相助要比销售百事可乐更让人高兴。我们开发出一种特殊的慈善项目，它有所贡献。"在赫尔希公益过去和现在的客户名单上是这样的公司：凯泽永久（Kaiser Permanente）、胡椒博士（Dr. Pepper）、劳里食品（Lawry's Foods）、艾尔建（Allergan）、哥伦比亚电影公司、迪士尼、索尼、美国银行和富国银行（Wells Fargo），它们都将某些社会责任、共享价值或慈善工作嵌入到自己的企业经营当中。

技术服务组织起到了催化剂和中间人的作用，在这一方面，它让正在艰难前进的发展中国家的企业参与进来，利用可口可乐、嘉吉（Cargill）、雀巢和比尔·盖茨与梅琳达·盖茨基金会（The Bill & Melinda Gates Foundation）等合作伙伴的资源，向发展中国家的企业提供资金援助，同时，非营利的技术服务组织也发挥自己的能量，用于支持这些企业的发展。

2010 年，技术服务组织与可口可乐和盖茨基金会启动了一项企业社会责任伙伴计划，将乌干达和肯尼亚 5 万多位果农纳入可口可乐饮品的供应链中。这些钱会通过技术服务组织注入到伙伴计划中，旨在帮助农民变成可口可乐在这些国家销售的水果饮料的供应商，从而提高他们的生产力，并使他们的收入在 2014 年时翻番。

根据技术服务组织发布的有关合作情况的新闻稿，可口可乐东非和中非区总裁内森·卡伦比（Nathan Kalumbu）说："伙伴计划是一个很好的促进可持续性的榜样。通过与当地成千上万的农民开展合作，我们可以帮助他们提高收入，同时满足我们对当地出产水果的需求，既有利于当地社区，又有利于我们的企业。"

基金会战略集团所做的是与投资者合作，主要是与公司和基金会建立伙伴关系，使得它们可以将资金投入到能够对社会或环境产生积极影响的项目中。

比如，其以前的客户玛氏公司（Mars Corporation）及其可可可持续发展战略（Cocoa Sustainability Strategy），玛氏公司是一家价值300亿美元的糖果制造商。

在巧克力行业，有一种东西是不可取代的，那就是可可豆，正因为有了它才使得巧克力成为巧克力，所以它是不可替代的。它主要由4个国家的小农户种植，这些国家分别是科特迪瓦、加纳、尼日利亚和喀麦隆。世界约70%的巧克力产自这4个国家，而科特迪瓦出产了世界上大部分的可可豆。

可可豆生长在树上，因为这些树已经产果20年左右了，它们的产量在逐年减少。科特迪瓦的某些可可树已经生长了35年甚至40年了。但当地还有约100万种植可可的农户指望着可可豆生存。他们十分贫穷，只拥有小块的土地，没有能力改进或种植更好的可可树，没有机会使用肥料或杀虫剂，也没有办法更新他们的农业知识。同时，科特迪瓦还存在着腐败和税收政策不优惠等不利条件。

玛氏公司是一家世界领先的巧克力制造公司，它依赖这里（科特迪瓦）的可可供应，而现在供应出了问题，因此需要它介入。玛氏公司投资于一个可可可持续战略计划，在基金会战略集团的帮助下，再加上公民部门组织、世界银行、当地政府和农业专家的咨询意见，玛氏公司承担起可可生产的部分风险。可可生产和出口的条件得到改善和合理化，带来的结果是，玛氏公司获得的可可数量和质量持续提高，最终其制造的巧克力也因此受益。

本质上，基金会战略集团所做的是与公司开展合作，就它们如何利用自己的力量、资源和技能投资解决与它们利害攸关的社会问题进行商讨。然后，基金会战略集团会就如何寻求政府、基金会或其他机构或组织的帮助提供自己的建议。

因此，关键问题似乎不在于只是某家公司在慈善方面做得很好。公司的资本主义使命是满足股东的利益需求，采用企业社会责任项目这种商业模式，不但有益于企业本身，而且还能促进公益事业的进步。

### 让社会责任成为你企业的组成部分

不过，要谨防赶潮流。为履行企业社会责任或共享价值付出的任何努力都是真实的，并非只是为了迎合消费者的需要。"对我来说，它是一个敏感问题，是生活在地球上的很多人所关心的事情之一，"赫尔希说，"我们（赫尔希公益）鼓励企业做这种事，但最好做到真实且有战略性。你看到许多（将老牌产品重新包装成环保产品）的'漂绿'行为，公司所追求的无非是让企业有一个良好形象，就像快餐公司表明态度支持反肥胖症运动一样……要做那些对你的核心业务和利益有补充的事情。我曾经鼓励大家严谨地思考这些问题：它如何支持你的品牌？有适合它的品牌吗？这样做有意义吗？我们见过一些奇怪的、胡乱拼凑的活动，大把大把的钱花出去了，却通不过最初的'嗅探测试'。"

---

> 许多员工都拥有一技之长，因此公司才会雇用他们从事某种工作。若能进一步让他们跟与公司价值观相符的使命、社会责任或公益事业联系在一起，就会增强品牌和公司的影响力，最终为员工和消费者带来好处。

---

罗美尔·阮建议公司应当"从上开始，梯级而下，并让每个人都能分享"。

朱莉·斯莫良斯基对此观点做出了回应。她父亲关心他人的愿望是出于天性的，这正是生活方式食品公司成立的前提，而且它在朱莉致力于公民社会责任的事业中发挥了重要作用。"当你在那种环境中成长起来，主动向人伸出援手是很自然的事情。如果始于顶层，它就会产生涓滴效应。"

### 从何处开始你的企业

在旅游时，布莱克·麦考斯基（Blake Mycoskie）与阿根廷的孩子们成为朋友。鞋是抵抗疾病和传染的保护措施，但他发现那里的好多孩子没有鞋穿，于是开发出汤姆斯布鞋买一捐一的商业模式。按照布莱克的说法，它指的是"明日之鞋"，即向这个世界上需要鞋的人送出一双鞋。它的意思是说：如果今天消费者从汤姆斯鞋业公司的网站（www.toms.com）上购买一双时兴且价格优惠的新鞋，明天就会有一双新鞋送给缺鞋穿的人。消费者一旦购买了汤姆斯公司的鞋，与购买其他公司同价位的鞋相比，等于是消费者花同样的钱却获得了双重的回报。

这一模式同样适用于网购图书，从美好世界书店而不是从亚马逊购买一本书。一本书就是一本书，但这本书从哪里买则会产生不同的影响。如果我们支付的那点钱并没有超过我们愿意支付的钱，为何不一并支持一项发展中的伟大公益事业呢，对不对？

事实上，面对与他们关心的公益事业有联系的产品时，消费者可能会加倍购买和推荐它们。

因此，重点在于：像这些或许多其他类似公司会继续让不具有此类社会责任使命的大公司减少收入。如果企业具有兼顾社会责任的使命，则消费者就会对它抱有很高的期望，再加之历史上对美国公司的信任度不高，以及越来越多的员工渴望在具有社会责任感的公司里工作，如果你不能将社会责任嵌入到公司的商业模式之中，你将无法承受它对你造成的压力。

这并非意味着必须彻底改变企业的经营模式。即使是小企业，也可以从以下几个方面入手：

• 将可持续性的做法嵌入公司的经营之中，比如利用太阳能或当地出产的原料。

• 将慈善捐助当成一种标准做法，并将它与企业的使命关联在一起。

• 确保你的员工受到尊重，活得有尊严。

罗美尔·阮说巴洛特继续寻找支持其他社区的方法，包括向其他快餐公司推销生物可降解的包装物，用电动自行车取代汽车送餐等。生活方式食品公司的生产设备一律使用再生能源。

关键在于，你不得不谈到它。"如果我们处在一个消费型社会，我们是用美元投票，"朱莉·斯莫良斯基说，"我感觉将我们所做的事情讲出来是一种营销策略。很多公司在做这种事，却没有跟外界分享。如果让消费者选择的话，他们会支持那些符合自身利益并有益于社会的企业。"

---

**熟读深思**

不管你是一位打工者，还是一位企业老板，看看现在做什么可以让你开始、促进或从事公益事业。弄清你的"理由"可以引导你走上这条道路。它与你公司的价值观相符吗？目前是否有一家你能与之合作并为此项公益事业服务的组织吗？

---

我们的"理由"是挽救正在与成瘾抗争的家庭，这就是我们的

公益事业。我们实现了盈利，发放了数千美元用于治疗成瘾的奖学金，还通过捐款、投入时间和资源在社区开展一系列公益活动。我们肩负着一种社会责任，那就是采用很多方式让这个世界变得更加美好。这个世界迫切需要改变。你愿意表明立场，并发挥自己的作用吗？

# 第九章
# 社会企业家的蓝图

如果理念要扎根并传播开来的话,就需要热衷于此的捍卫者。他们拥有技能、积极性和精力,并坚定地去做推动理念生根、传播所需的任何事情:说服、激励、诱导、启发、感化、减轻恐惧感、转变观念、阐明意义,并巧妙地掌控这些技巧,以期突破现有体系。

——戴维·伯恩斯坦(David Bornstein),
《如何改变世界》(*How to Change the World*)

不理解"创业精神"这一概念的人常常认为,那些辞职创业的人天生才智非凡,并具有过人的勇气。人们认为创业者要么在学业上具有某种天赋,要么接受过特殊的培训,这样才使得他们可以将创意(我们都有的)变成能独立生存发展的企业。

但正如你从我们的经历中所看到的那样,这些都是失真的。

事实上,不无冒昧地说,创业家具备的特质与受教育程度或智商高低没有关系,甚至与是否生长在鼓励创业精神的家庭也毫不相干。创业家真正需要的特质是坚持不懈、发自内心的激励和冒险精神,它们会培育你的情商,帮你应对创业过程中的起起落落。

也许你会持不同意见,认为像我们这样的人,一门心思地一次又一次地头也不回,不顾众人异口同声的反对,千方百计让自己的想法开花结果,这是一种蛮勇。但我们认为,有一件事情将我们跟我们认识的、共事的或一起长大的人区分开来,那就是我们像斗牛犬般执着的性格,这是我们的特殊标识。

我们非常固执地认为:我们的做事方式比现有的方法更好;我们的经验使得我们成为唯一能胜任此项工作的人,且注定要做此事;我们获得资金,并将我们的想法变为现实,当之无愧;即使所有人都告诉我们"算了吧,还是回家吧",我们也会咬紧牙关,绝不放弃。我们能够清晰地看到别人看不到的愿景。我们不断地在人们面前展示它,直到最后他们明白我们想要表达的内容,并且给我们机会。

在准备开办"为生活做好准备"时,迈克尔·霍尔索斯用了一年的时间进行探索,他拜访公民部门的领导者和社会创业家,从而有机会发现了影响创业家取得成功的真正因素。他的发现跟我们的一模一样。

---

拥有创业激情是创业者所需的另外一个强烈的特性。此外,执着地坚持企业的使命让我们和许多其他创业家得以前进。

---

"我学到的重要事情之一就是教育分两种——学校教育和社会教育。当大多数人想到教育时,他们会立即奔向学校,学习阅读、写作和数学,这种教育方式极大地促进了社会公平。但如果对学习进行一些研究和观察,你就会发现学业上的成功与生活中的成功几乎没有多大关系;即便有,也微乎其微。正是另一种教育——社会教育

承受了所有的冲击。它名目繁多，但大都是社交和情绪管理方面的技能，主要表现为展望未来、设定目标、良好沟通和与他人和谐共事等能力。正是这些重要的生活技能将成功的人和不成功的人分开来。"

"如果你打开谷歌，输入'企业家特点'，你会发现，优秀企业家都是拥有良好社交技能和情绪管理技能的大师，而未必是学术能力上的大师。虽然有些人拥有良好的学术能力，但他们并不是因为学术能力才实现突破的。创业精神关乎忠诚、信任、按照价值观管理生活、交流、传递思想……它是非常基本但真正重要的素质。"

创业家和慈善拍卖网（www.BiddingforGood.com）共同创建人乔恩·卡森说：虽然许多人能成为创业家，但不是谁都可以做到。在创业家具有的明显特征之中，除了"坚持"，还有良好的倾听技巧，在跌宕起伏中依然坚守的勇气，为了组建优秀团队而需要的对人良好的判断力，以及出色的营销力。"为了将你的创意推销出去，无论推销对象是新雇用的员工还是第一批顾客或投资者，你都需要擅长营销。"

请注意，此处我们没有区分社会企业家和其他企业家，理由是两者没有显著差别。虽然社会企业家的独特之处在于它将寻求改变社会作为主要目标，但资本家的谋生欲望则取决于企业生存的根本原则。

不管是作为内部创业者在一家现有企业里开展一项企业社会责任或创造共享价值的工作，还是创立自己的新企业，只要你的逐利性工作带来了积极的社会改变，你都是一位社会企业家。

但是，我们是牢牢扎根于富爸爸系列概念的企业主，这些概念主要包括 B-I 三角和被动收入的产生等，这是我们利润、社会价值和自由三兼顾的关键，不可或缺。

从开办旅途康复中心和写作本书的经历中，我们已经做过大量研究，从而得以为社会企业精心规划一幅宏伟蓝图。

我们发现社会企业真正的"神秘配方"只有 5 种成分。

## 成分之一：一个解决问题的可行性方案

正如克瑞斯所说："如果你建成一家企业，它需要有一批消费者想要的产品或服务。这在任何企业都是如此，不可忽视。"

这听起来都是非常基础的东西，但在致力于产生社会影响力时，很多社会企业家忽视了这一点。克瑞斯的导师戴维·墨菲表示：太多的社会企业家只跟着感觉走，而没有经过大脑思考。

墨菲说："市场严格执行优胜劣汰法则，你的想法需要经受所有的严酷考验。如果你的产品或服务源自一个很棒的创意，可以为消费者解决某方面的问题，'它如何持续发展下去'这个问题你也应该考虑清楚。"

我们于 2002 年开办了首家旅途康复中心，因为通过研究我们得出的结论是"成瘾率正在猛增"。自那以后，药物滥用率甚至更高，我们要增加治疗中心才能满足不断增长的市场需求。仅仅从 2007 年至 2010 年的 3 年间，美国大麻使用者的数量就增加了 300 万人，2006 年至 2010 年间，抗抑郁药的处方就增加了 2100 万个。

与此同时，虽然 2009 年大约有 2350 万美国人需要接受药物滥用方面的治疗，但只有 260 万人接受了治疗。在这 260 万人中，只有约一半人真正地做完了整个疗程。

在旅途康复中心，我们提供以家庭为中心的治疗方法，重点是让成瘾者在生活方面恢复平衡，并在治疗结束后为其提供免费的终生治疗。我们想方设法将治疗完成率提高到了大约 95%，这一数值远远超过了国家的统计数字。

换言之，我们为一个客观存在的问题提供了一个独特、可行的解决方案，经过近一年的辛苦工作，我们克服了重重阻力，开发出一套顾客（我们的"消费者"）想要的产品。

借由本书，我们向你介绍了世界各地的社会企业家，他们跟我们做着同样的事情。想要为社会或这个星球做些善事绝对是一个有价值的目标，但这还不足以构成确保人们购买你的产品或服务的基础。

我们在本书第二章中提到过米丽亚姆·舍宁为成功企业家提出的7项建议，在这份清单中，她说："要钻研能产生你想要的影响力的方法。你的方法确实是独一无二的吗？还有没有其他你既可以达到同样的效果，又可以从这些结果中学到一些东西的行之有效的方法呢？"

她补充说，这似乎与典型的社会企业家格格不入，社会企业家常常因为专注于解决问题而变成了一根筋，他或她可能忘记考虑当前世界上其他人针对此事所做的一切。

"很少有人真的花时间了解一下竞争状况，"舍宁说，"施瓦布网站的求职者似乎对其他组织的类似方法知之甚少，这让我们颇为震惊。"

---

**熟读深思**

不管你所创办的企业的社会使命是什么，在你建立任何新企业之前，一定要对该领域进行全面的市场分析。

---

### 成分之二：一个强有力的使命或"理由"

你为什么想创业？是什么在驱使着你？是否生活中有一次变革性

的经历导致你一直走到了今天？引导莉萨和我的有这样3次经历：酗酒导致我几近死亡的经历，莉萨表明自己的立场（在康复中心的积极体验即源于此，在那里我遇到了我们的行业导师和指导者克里斯·斯潘塞），以及爸爸送我的礼物——《富爸爸你可以选择成为富人》。

当这3次事件紧接连在我们身上发生时，我们对未来的愿景便变得清晰无比了。一旦这个愿景确立，我们再也不想做其他事情了。前期我们开通了24小时热线，听到求助者痛苦的哭诉以及后来的感激，这些体验表明：我们当时绝对走对了路，而且现在依然是正确的。

对我们来说，派对的生活方式已经根深蒂固，它被粉饰成迷人、有趣的生活，其实它明显具有伤害或杀死人的可能性。作为夜总会的员工，我曾经是构成这个问题的一部分。但突然之间，我们不再无动于衷，不再任其发展下去，我们必须成为解决方案的一部分。在其《如何改变世界》这本关于社会企业家的书中，戴维·伯恩斯坦讲了他从比尔·德雷顿那里听到的一个机会，当时德雷顿正在介绍里约热内卢阿育王会员申请者的选择标准。在那次演说中，德雷顿告诉申请者："在企业家的大脑中，他们拥有的愿景是当他们的想法实现之时世界将是如何的不同，直到这一想法不仅在一个地方发挥作用，而且在整个社会行之有效，否则他们是不会停止的……仅在一个村或两家学校解决了某个问题，创业家是不会快乐的。"

一旦你产生了一个想法，并以此为动力不断前进，然后对自己的"理由"做出应答。否则，你是不可能带来任何改变的。

---

> 实质上就是建立一家有意义的企业。它能够解决某些社会问题，并有益于全人类。金钱只是副产品，它是因为你通过向周围的人提供服务、改善他们的生活和提升他们的能力而得到的奖赏。

---

当你确定了企业的使命，就要全身心地投入。谨防为了取悦消费者、员工或投资者而出现使命异化，不要让你对赢利的渴望践踏了企业的使命。克瑞斯·富克斯在其美好世界书店的初期经历过此事。他和泽维尔为了管理存货而开发的存货管理系统在使用后证明这套系统非常有用，操作界面也非常友好，因此，他们考虑对此软件实行授权使用。克瑞斯说："但它最终因分散注意力而结束。"

利润不是目标，而是一家受到使命驱使的、具有社会责任感的企业做慈善和公益而获得的回报。

最后，社会企业的影响首先必须是具有社会性的，而创业家必须如比尔·德雷顿所说的那样在使命的指引下寻求系统性的改变。偏离于此最终会对所有人造成伤害，包括接受服务的人。企业的使命最为重要。

---

**熟读深思**

扪心自问：是什么问题让你烦恼呢？你能忍受它吗？如果你无法忍受，你就能找到"理由"，并由此创建一家社会企业。

---

### 成分之三：一个成功的团队

虽然成为理解企业所有基本情况的通才很有意义，但更为重要的是发挥我们的长处。制定政策和流程手册、咨询、为顾客做饭……这些事情不是我们的强项。我们的强项在于应用我们研究数年的企业经营和管理原则。这就是为什么我们要雇用一个拥有做好除此之外其他事情的独特优势的团队。我们需要的这个团队，它对使命的承诺跟我们一样，并且拥有必要的商业技能，比如正直、职业精神、关注细节和具有相关领域的专业知识，以此表明他们可以胜任和完成工作。

实践表明，社会企业的团队是其取得成功的最清晰的标志之一。戴维·墨菲曾担任过商业计划竞赛的裁判，现在圣母大学担任创业中心的联合主任，他说：在考察成立一家社会企业的可行性方面，他首先观察的事情之一就是其团队。

"对于任何形式的创业企业来说，你都需要一个优秀的团队，"他说，"的确，在社会企业领域，你需要有人分享你改善世界的热情。但这正是我看到社会企业家对他们身边所需人才要求不太严格之处。他们对身边发生的事情不甚了解，这也体现在招聘员工和组建团队方面。他们会说'噢，两年来，我的室友跟我很晚才睡觉，常常谈论海地的清洁饮用水问题'。但如果你要扩大规模，他确实不是你所需要的人。因此，他们在聘用人才方面出了问题……你在组建团队这一问题上必须严格，而且要认真考虑，否则，你将葬送企业的发展机遇。"

---

在组建团队方面，考虑以下三个方面会让你受益：

1. 岗位技能：他们能满足特定岗位的能力要求吗？

2. 企业文化适配度：他们认可公司的企业文化吗？

3. 人际关系：他们的人际交往技巧如何？有哪些朋友圈？他们能建立符合企业利益的外部人际关系网吗？

---

乔恩·卡森坚信优秀团队的力量，因此，他花了好几年的时间专门锤炼自己吸引合适人员的面试技巧，这是意义重大的投资，为

任何岗位雇用到合适的人才，并且确保员工认可企业的使命。他说：作为一个企业家，自己多年来所犯的最大错误是雇用了错误的员工。

他说：在慈善拍卖网站，负责招聘的人会问求职者不同的问题，以确保对求职者进行最为全面的了解。他很少相信推荐信，因为从推荐人所在企业的文化和团队出发，它无法对求职者在新职位有何表现提供确切的评价。

在团队管理方面，米丽亚姆·舍宁在社会企业里发现的另外一个挑战是她所谓"创始人综合征"，即对交出控制权犹豫不决。

"在大多数企业里，通常设有董事会，这一机制可以有效保护公司或组织的利益，"她解释说，"社会企业常常缺乏这一机制。领导者意识不到向组织中的其他人授权的必要性，因此难以超越某个点。对于一家成长中的社会企业来说，它需要更多的管理人员加入企业，组成体系，形成流程。创始人通常是有超凡魅力的理想主义者，他们打开了企业之门，却不是企业成长所需要的那种管理者。在施瓦布网站，我很少看到创业者声称自己既有良好愿景，又是优秀管理者，但他们仍然位于成功人士的行列。因为这些成功的创业者清楚他们的长处，所以聘请他人负责日常的经营和流程。"在我们成立旅途康复中心的特殊经历中，我们发现自己在与一些专家——医生和咨询顾问共事。我们发现这些位于 S 象限中的专业人士并不是多面手，他们几乎不了解建立一家企业的基本要求，而这正是我们的强项。让一些专家加入你的团队有其重要性，但也要有几位通才用于弥补空缺。

永远不要低估团队构成的重要性，它在很大程度上决定着企业的成败。

**熟读深思**

在面试应聘者时，要创造一种让应聘者感觉到一定压力的环境，如此你就能看出他或她到底是什么样的人。在旅途康复中心，我们使用的一个工具是《富爸爸现金流》游戏。我们会同时安排4位应聘者跟我们一起玩游戏。你会在游戏中对应聘者了解很多，因为他们在游戏中的表现才是他们行为的真实反映。根据欲填补职位的不同，我们会考虑不同的游戏或技巧，这可以让我们看清楚他们是什么样的人。

## 成分之四：一种稳健的商业模式

克瑞斯·富克斯、泽维尔·赫尔格森、戴维·墨菲和许多其他社会企业领域的实践者和学者都认为将慈善融进商业模式是企业成功的根本。

"我多次看到过的一个错误是大家把公益事业和慈善商业模式搞混了，"泽维尔说，"有人想出某事，看上去似乎有益于这个世界，但从企业角度看，它并不会引起人们的兴趣，而他们却设法给它打上社会企业的烙印。我知道有一家公司正在设法为其产品寻求非洲的生产商，以便让那里的穷人获得一定经济收益，再借助电子商务加以销售。但是，若从塞内加尔发货，一件小商品运抵美国的运费大约为50美元，这就使得在那里生产变得不太现实。这是企业面临的严峻挑战。

美好世界书店一度被当成可行商业模式的最好范例，正是由于它做到了这一点：利用人们平常的购买习惯（从网上购买书），并将这种购买变成造福社会的行为。汤姆斯布鞋、格莱珉银行和很多其他的公益组织也都证实了这一事实。

"在美好世界书店，我们为改变世界要做的事情绝对与企业密切相关，"戴维·墨菲说，"假如亚马逊收购了它，并且成为上市公司，我们会改变这一模式吗？当然不会，因为如果我们不再通过捐赠免费获得图书的话，它就会垮台。很多社会企业家都有一个将部分利润贡献给社会的企业创意，很好，可惜它不能深嵌于商业模式之中。他们解决事情时都停留在企业的表面。我期待它是深埋在商业模式中的。"

事实上，善资本（Good Capital）组织正是这样做的。其创始人凯文·琼斯（Kevin Jones）称善资本为美好世界书店投资了200万美元，积极追逐利润的社会企业要比必须兼顾两方面（社会效益和经济利益）的企业增长得更快，因为做慈善的成本会对利润率产生消极的影响。

确立一种成功商业模式的关键在于起草一份全面、可行的商业计划书。与我们交谈的所有专家都说衡量成功的真正尺度仍然是商业计划书，即商业计划书的执行和企业家对它的投入，社会企业也是一样。正如我们说过的那样，我们的资金来源取决于它（商业计划书）。我们需要经历几次起草、修正和其他后续工作才把商业计划书搞定。

技术服务公司《2009年商业计划竞赛（BPC）研究》对竞赛给发展中国家各种企业的企业家以及参与者带来的好处进行了评价。不管是否获奖，为参加竞赛而创建商业计划书的做法让参与者获得了极大的优势。

- 相比没有参与的人，参与者一年后的销售量增长了两倍，两年后的销售量增长了2.5倍。

- 与参与前相比，参与者在参与后的两年多的时间内创造了2.5倍的就业岗位。
- 参与者调动了近3倍的资本。
- 参与者在执行商业计划书方面的可行性提高了1.5倍，极有可能将它们正式确定下来。这些商业计划书大多是有关创立企业或扩大规模的。
- 作为新企业，参与者所创办的企业两年内存活下来的可能性提高近两倍。

研究指出："在专题讨论会上，我们了解到，商业计划竞赛极富价值，因为它将重点放在创建一份商业计划书上，从而迫使企业家探索和解决关键问题。"虽然竞赛中并非所有的商业计划书是为社会企业制定的，但它们与那些为具有社会使命感的企业而写的商业计划书没有什么分别。

戴维·墨菲说：当社会企业家无法获得启动资金时，通常不是找不到资金的问题，而是难于通过商业计划书的"嗅探测试"。

"计划书强调了基本问题吗？它要解决什么问题？分销策略或销售计划是什么？涉及谁？这些似乎显而易见，但令人吃惊的是，很多人告诉我他们的产品有多么好，我问道：'消费者是谁？你如何卖掉产品？销售渠道在哪里？你会实行众包吗？'他们只是一脸茫然地看着我，然后说道：'我要建一个网站。建好之后他们（消费者）就会来了。'他们对于创造财富太天真了。很显然，任何一位投资者会说：'我不关心你想改变世界的抱负有多么雄伟，但这个计划书的水平很差。'社会企业化经营领域的人对商业模式缺乏经验，他们认为自己正在改变世界，他们只会考虑：'谁不想从我这里购买产品（服务）呢？'我并不是在质疑缺少资金是一种障碍，相反我看到很多有利可图的买卖不愁筹集不到资金。归根结底还是商业模式、团队的问题，所有这些因素不仅有助于社会企业家，而且有助于普通企业家。"

请注意这是B-I三角全部含义所在：太多的企业家过于注重产品。产品虽然重要，但B-I三角中的其他所有因素也都在为产品提供一定的支撑作用。

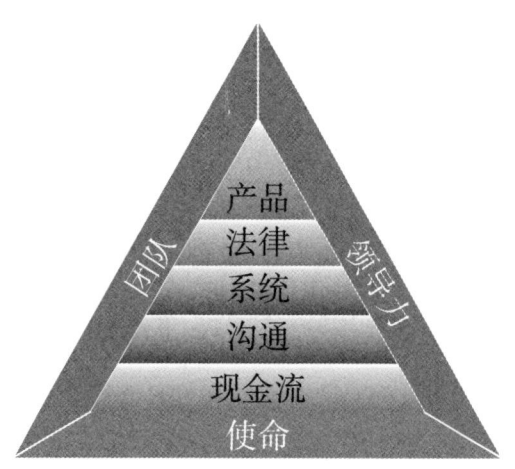

米丽亚姆·舍宁也建议道：为了证明你的影响力，在创建商业模式时，从第一天开始你就要计划如何创收，并将评价和测量方法嵌入你的流程。在寻求资金以便实现增长和扩大规模时，这会让你受益。

如米丽亚姆·舍宁所言，在扩大企业规模方面，公益性的特许经营或许是进入其他地区或国家的最好方式。"我们今天最为急需的是创业者，他们会在世界的某个地方开始应用一种非常有利的商业模式，并在其他地方加以应用和推广。"

格莱珉银行现在已经扩展到了大约100个国家。

这也是旅途康复中心开办了6家分中心的原因。每一处满足一个独特的需求，既服务我们接待的顾客，也服务我们所在州的顾客。

我们计划10年内在9个国家开设12家康复中心，每年服务5000多位顾客。不仅戒瘾方面的社会需求量很大，而且我们也有可测量的目标，因此，我们知道自己今天达到了什么程度，也知道我们会走向何方。旅途康复中心将拥有全球治疗计划，为全世界的成瘾者提供服务。

迈克尔·霍尔索斯指出，柠檬水日被确立为一种特许经营的形式，各个社区可以自我定制，并开展经营。这是有目的性的。"符合501(c)(3)的组织和社会企业中，我们着手设计如何允许更多的人借用这一模式，以便进行更进一步的投资，这是驱使我们解决世界问题的动力。"他说，"我们提供最好的做法、工具、方法体系、流程、产品、品牌推广，他们为每个城市里的柠檬水日注入了活力……因此，我们所做的就是找到一种方法，使得当地社区能够塑造柠檬水日，并对他们的社区产生最大的影响，他们是主角。我们在幕后，我们想看到他们获得成功。"

**熟读深思**

　　如果你对任何形式的创业是认真的，那就花时间起草一份真正全面的商业计划书。仔细斟酌你的商业模式，确保社会使命是盈利的组成部分，而不被边缘化。

### 成分之五：个人发展

如前所述，很早之前我和莉萨就开始致力于自身的个人发展，按照富爸爸的致富原则进行继续教育，并学习成瘾治疗业务方面的知识。我们知道自己从来不会老到或成功到不用学习的地步，而且我们真的认为这是我们取得成功所不可或缺的一部分。事实上，我们现在学习的东西比在学校学的知识要多很多。我们的学习永远不会止步，而且我们正在学习自己感兴趣的东西，这会对我们和其他人的生活产生巨大的积极影响。

我们经常考虑如何将培训融入我们的生活，融入到家人、团队、企业和顾客的生活。不管是什么课程或主题，我们决心从中吸取有价值的内容，并应用于实践。

如果有我们必须要知道的事情，我们不会说"我不知道"或"我眼下还做不到"，我们会说"让我们学着如何做到"。然后，我们会花时间学习它。每当这样做时，我们都会在这些方面获得回报，比如消除了企业面临的某些挑战，与我们的顾客和谐共处，处理好我们与员工的关系，培育我们的企业，以及提升我们的三兼顾能力。

我们跟最优秀的人学习个人发展方面的课程。在我们快要买下在犹他州的房产，并且刚刚从阿维那里得到启动资金后不久，他想要亲自来看看他的投资。

我们到盐湖城机场迎接他。在返回市中心的路上，我们确定这是开始了解阿维和吸收他多年经商智慧的一个好机会。我们问他是如何开始创业的。他说："我经常关注我把钱花到什么地方了。我对钱的用途很谨慎。"

---

毕业之后一想到再也不用学习了，我别提多高兴了，其实我的学习才刚刚开始。学校不会教我们如何面对现实世界的考验，它只为某一课程规定很多必学内容，但现实世界的经验、个人发展以及如何建立一家企业是需要亲身体验和学习的。生活就是学习的过程，做好自己，确立我们的目标，并且为之努力。要从错误中学习，不断汲取经验，

并利用这些经验做一些积极、有益的事情。

---

我想起我们跟阿维最早的那次见面，想起塑料椅垫，以及他因为那道菜的价格偏贵而取消。起初，我把他的节俭看成是古怪，甚至觉得有点可笑。但现在，作为一个新企业主，我觉得他的言行和价值观让我很舒服。莉萨和我已经开始迈出了这一步。虽然我们不像他那样节俭，但我们会继续我们的财商教育之旅，以便我们能够做出理智的财务决策，实现财务自由，过上富裕的生活。

他接下来说的话，我将永远铭记。"我就是这样开始的，去参加了一次研讨班。他们告诉我们做什么，我就做什么，结果奏效了，我就继续做。"

研讨班？真的吗？这可是对我们上研讨班的巨大肯定。因为最近我们接受了富爸爸的教诲，并对此几乎到了虔诚研读的程度了，朋友取笑我们，称我们对研讨班或书有"瘾"。他们警告我们，说我们上当受骗了，受人操纵把钱花在了无用的产品上。我们又花了599美元购买了一些课程，回到家之后他们更笑话我们了。

我们开始明白身边的人不再是我们可以依赖的支持系统了。他们卡在了我们已经跳出来的那个地方。但更为重要的是，我们每天都能从研讨班和书本上学到很多东西，这些东西促使我们每天都在成长和进步，我们为此感到激动。

通过戒瘾工作，我们了解了到底什么是"瘾君子"。这种人会牺牲一切，不论自己或他人付出什么代价，他们都要得到想要的东西。我们不是这种"瘾君子"，我们是两个从成瘾的黑暗中幸免于难，现在正致力于改进自身和其他人生活的人。我们愿意把我们的时间、金钱和资源投资于我们的未来。我们的许多朋友并不想这样。我们积极地将从研讨班和书本上学到的原则应用于我们的生活和企业。

我们寻找成功的研讨班讲师，不只是在讲台上成功，还是讲台下依然成功的企业主。正如阿维所说，我们做了他们告诉我们要做的事情，而且行之有效，因此，我们坚持做下去。就这么简单。

阿维说他在购买房地产时会把资金集中投入到一处房地产上，用现金交首付。一旦偿清本金，他会再用额外的现金交下一处房地产的首付，依此类推。这就是复合首付。这离我们从富爸爸书籍中学到的如何偿清不良债务的做法并不远。阿维的故事和他的成功告诉我们：我们走在正确的道路上。

---

回到家的时候，我们几乎满脑子都是刚刚学到并且想马上付诸实施的极好主意。我们的朋友会说："你们又来了。"有时这些想法可行，有时则不可行，但我知道我们总是会尝试新的想法，因为我们总能从中学到些东西。永远不要害怕尝试一个新想法，也许只是其中的一部分可以接受或产生效果，但还是要经常尝试新东西。不管喜欢与否，要坦然接受反馈意见，或许其中蕴含着另外一个经验或"金矿"也未曾可知。

---

这种学习可能不适合所有人。无论你以什么方式学习，研讨班、书本、专业的网络课堂还是志愿者服务，重点在于永远不要停止学习。个人或具有公益性质的非营利组织与社会企业家之间的差异体现在商业教育上。为自己寻找合适的导师，接纳新的理念，跟与你处在同一领域的或与你角色类似的其他人公开交流，寻找新体验和学习新东西的机会，甚至消极的体验也是不错的学习机会。

经常与别人分享你所知道或经历的事情。在社会企业化经营促进研究中心出版物的《社会企业化经营的过去、现在和未来》中，该机构的副主任格雷戈里·迪斯说:"给'社会企业家'的一点建议就是要继续集体合作……帮助树立和发展这一'领域'的社会企业化经营,这是一种务实的理想主义。不过我们可能想给它贴上标签,称它是鼓励创新的方法。"

他继续说道:"我认为他们有必要聚在一起,形成一个共同的声音,彼此分享问题和教训。"克瑞斯·富克斯、克里斯廷·赫尔希和其他人共同推荐公益实验室这一杰出组织,不只是因为它提供了一个支持性网站,还因为它让企业逐步通过了严格的审查流程,成为专注于使命的、有利于环境可持续性的,以及对股东和大众负责任的公益公司。"它属于一个卓越的社会网络,这起到了关键作用,"克瑞斯说,"我必定会鼓励大伙接触其他社会企业以征求意见。这是可行的,这个社区的人会购买其他社会企业的产品,因此,它确实是一个正在发展中的社区。"

---

**熟读深思**

恭喜你通过阅读本书迈出了个人发展的第一步!为了继续你的个人发展之路,我们给你提出一项挑战性的任务,即加入一个组织,选修一门课程,参加一个研讨班,报名参加培训,或者下个月召开一次书籍小组研读会。

# 第十章
# 最后的思考

永远不要依赖公共机构或政府解决任何问题。所有社会运动的创立、指导、激励和坚持完成皆出自个人的热情。

——玛格丽特·米德

求知若饥，虚心若愚。

——《全球目录》（*The Whole Earth Catalog*），1974年5月

我们非常清晰地看到了世界的变化，而且变得更加美好，这主要是社会企业家在公司和公民部门组织内部或全新的领域拆墙架桥的功劳。

全世界的人都在跃跃欲试，希望加入公益事业，而不是伸出手来乞求援助，他们意识到靠自己的力量也有可能解决问题，而不必苛求政府和公司出手，而且在解决问题的同时他们还能赚取利润。

实现了三兼顾（利润、社会价值和自由）的社会企业家：

- 坚持自己创业；
- 有一个驱使他们与现状抗争并达成目标的"理由"；
- 寻求学习机会；
- 寻求三兼顾的机会；
- 寻求能与之交流思想的导师和团队；
- 有解决问题的主意或方案；
- 沉迷于自己的想法，不达目的决不罢休；
- 手握一份切实可行的商业计划书；
- 掌握了某种商业模式，使得履行社会使命成为企业逐利活动所固有的一部分；
- 拥有一个与使命和商业计划书相匹配的成功团队；
- 寻找将商业利益与公民部门关心之事结合起来的机会，利用资本主义实现社会公益的目标。

做一家营利性的社会企业没什么好丢人的。我们永远相信这一点，而且我们的深入研究也将证明我们的选择是正确的。

"有时社会上仍然存在这样一种看法——在这个世界上做公益的唯一方式是采用非营利模式。如果我是非营利的，人们就会知道我不是冲着赚钱去的，他们就会对我们产生好感，"戴维·墨菲说，"有时这是正确的。但如果你认认真真地在做纯粹的社会企业，你必然会屈服于市场的严酷，利润并不是一个肮脏的字眼。人们习惯性地认为它是邪恶的。资本主义有其黑暗面，这一点我没有什么异议。我们都知道它就在那里。但是，格莱珉被建成了一家逐利的银行，这就是它能不断开分行的原因，利润被再次投入运营。如果你打算建立有一定影响力的组织，就必须做到将利润重新投入，这就意味着你必须创造出利润来才行。"

不妨考虑一下这个：2011年5月，施瓦布基金会的米丽亚姆·舍宁对《赫芬顿邮报》的拉希姆·卡纳尼（Rahim Kanani）讲了这样一段话："当分析一段时间内我们圈子里的企业家时，我们注意到营利型的企业，或者说那些能创造正现金流的企业。这些企业要比单纯依赖捐款生存的企业成长得快3倍。"

多年以来，不断有人评论我们，说我们这样做"无非是为了钱"。这种说法有点讽刺，因为事实上我们从来没有从公司里领过一分钱的工资。我们为公益事业提供了一个解决方案，并且致力于公司的成长，以便为更多的人提供服务；如同其他公司一样，盈利让我们能够更快地扩展业务，提供高质量的服务，并且在较少管制措施的自由市场上开展经营。

因此，资本主义不但可以兼容社会使命，而且它还常常为社会带来更大的利益，并培养出更成功的企业。

弗雷德·科夫曼（Fred Kofman）是《有社会责任感的企业》（*Conscious Business*）一书的作者，他写道："有社会责任感意味着觉醒……有社会责任感的企业增添了个人的宁静和快乐，增进了社区的尊重和团结，加快了社会使命的完成。"换言之，有社会责任感的企业意味着我们认识到要做什么、如何做到及我们的行动会产生什么样的影响。

资本主义是建立在法治、自由交换、财富创造、企业家创业精神基础之上的社会经济体系。在资本主义社会，人和社会组织（企业）的活动反映和体现了这些原则。

另外，请记住要给它时间。施瓦布基金会不会考虑把经营时间少于3年的企业作为其网站的候选企业。社会企业家不会马上收获巨额的利益，甚至不会很快扭亏为盈。要有耐心。没有什么事情是轻而易举就做到的。

## 不留遗憾

写这本书的过程很漫长。为了把我们从开始到现在的所有故事拼凑起来,我们不得不回想生活中最为黑暗的日子,但其中也有让我们最为珍视的时刻,它会让我们高兴不已。将这一切写到纸上对我们来说是一次情感之旅。但经历了这一切之后,我们最终明白了一个真理:我们的未来受过去的影响。通过过去的经历,我们找到了人生的目标和创业的动机。它引导我们走向了旅途康复中心,这是我们人生中最快乐的一段日子。它很有可能会引导你步入完成使命之旅的下一个阶段。

正如史蒂夫·乔布斯在斯坦福大学2005年毕业典礼上的那次著名演讲中所说的那样:"向前看,你是不可能找出事物之间的联系的;要想做到这一点,你只有向后看。所以你必须相信过去的那些片断会在未来以某种方式连接起来。你必须相信某些东西——你的勇气、命运、生活、因缘。这个方法从来没有让我失望过,而是让我的生命更加与众不同。"

找到你的目标并努力达成,而不是满足于一种可以预见到的会让你感觉空虚和没有成就感的生活,这需要勇气。

埃米·清崎(Tenzin Kacho)是罗伯特·清崎的妹妹,也是我们的朋友。几年前,我们与埃米一起在悉尼、新加坡和吉隆坡进行巡回演讲。埃米讲了人在生命终结时感到遗憾的三件事情:

1. 没能告诉某人"我爱你";
2. 没能宽恕某人;
3. 没能信心大增。

我们希望你在今天、明天或以后的日子里没有遗憾。我们希望你过着自己真正想过的生活,并且自由地向世界展示你的天赋。这就是我们撰写本书的目的。信心要来个飞跃。学习所有需要学习的东西，并且知道你是很棒的。

我们期待下一本书的问世，并将在新书里讲述如何建立一家可持续发展且成功的企业，为读者提供更多诀窍和建议。

愈是在艰难的时候，愈能考验人们的毅力。坚信风雨之后一定能见到彩虹。相信在你历经众多艰难困苦之后发现事物之间的某些联系时，它将会彰显出全部意义，每个"节点"都会引导你走向你应该去的地方。

现在就行动起来，去改变世界吧！

## 致　谢

我们在旅途康复中心的团队是一群了不起的人，如果没有他们的奉献和支持，本书就不可能面市。

感谢我们的家人，尽管一开始他们不理解或不同意我们的选择，但多年来他们一直爱着我们，从艰难的时刻直到今天。

感谢我们的导师和老师：罗伯特·清崎、金·清崎、保罗·米尔斯（Paul Mills）、克里斯·斯潘塞（Chris Spencer）、布莱尔·辛格（Blair Singer）和凯利·里奇（Kelly Ritchie）。感谢多年以来我们参加过的所有有关个人发展的专题讨论会和研讨会的组织者。

感谢加勒特·萨顿（Garrett Sutton）的法律意见及其对本书的贡献，感谢凯西·希斯利（Kathy Heasley）、杰西卡·桑蒂娜（Jessica Santina）和莫娜·甘贝塔（Mona Gambetta）对手稿的编辑。

感谢乔恩·卡森（Jon Carson）、比尔·德雷顿（Bill Drayton）、克里斯托弗（克瑞斯）·富克斯（Christopher "Kreece" Fuchs）、泽维尔·赫尔格森（F. Xavier Helgesen）、迈克尔·霍尔索斯（Michael Holthouse）、罗美尔·阮（Rommel Juan）、莉兹·莫·布鲁斯·麦克纳莫（Liz Maw Bruce McNamer）、戴维·墨菲（David Murphy）、杰斯·桑德（Jess Sand）、米丽亚姆·舍宁（Mirjam Schoning）和朱莉·斯莫良斯基（Julie Smolyansky），你们为本书提供了有益信息和专业知识，并贡献出了宝贵的时间。

# 迅速提高财商的三个方法

## 方法一：阅读"富爸爸"系列书籍

| | |
|---|---|
| **财富观念篇** | 《富爸爸穷爸爸》 |
| | 《富爸爸财务自由之路》 |
| | 《富爸爸提高你的财商》 |
| | 《富爸爸女人一定要有钱》 |
| | 《富爸爸杠杆致富》 |
| | 《富爸爸我和埃米的富足之路》 |
| **财富实践篇** | 《富爸爸投资指南》 |
| | 《富爸爸房地产投资指南》 |
| | 《富爸爸点石成金》 |
| | 《富爸爸致富需要做的6件事》 |
| | 《富爸爸穷爸爸实践篇》 |
| | 《富爸爸商学院》 |
| | 《富爸爸销售狗》 |
| | 《富爸爸成功创业的10堂必修课》 |
| | 《富爸爸给你的钱找一份工作》 |
| | 《富爸爸股票投资从入门到精通》 |
| | 《富爸爸为什么A等生为C等生工作》 |
| **财富趋势篇** | 《富爸爸21世纪的生意》 |
| | 《富爸爸财富大趋势》 |
| | 《富爸爸富人的阴谋》 |
| | 《富爸爸不公平的优势》 |
| **财富亲子篇** | 《富爸爸穷爸爸（少儿彩图版）》 |
| | 《富爸爸发现你孩子的财富基因》 |
| | 《富爸爸别让你的孩子长大为钱所困》 |
| | 《富爸爸穷爸爸（漫画版）》 |

| 财富企业篇 | 《富爸爸如何创办自己的公司》 |
| --- | --- |
| | 《富爸爸如何经营自己的公司》 |
| | 《富爸爸胜利之师》 |
| | 《富爸爸社会企业家》 |

## 方法二：玩《富爸爸现金流》游戏

风靡全球的《富爸爸现金流》游戏浓缩了《富爸爸穷爸爸》一书的作者——罗伯特·清崎三十多年的商界经验，让我们在游戏中模仿和体验现实生活的同时，告诉游戏者应如何识别和把握投资理财机会；通过不断的游戏和训练及学习游戏中所蕴含的富人的投资思维，来提高游戏者的财务智商，最终实现财务自由。

## 方法三：关注读书人俱乐部微信

北京读书人俱乐部微信公众号由北京读书人文化艺术有限公司运营，为"富爸爸"读者提供符合富爸爸理念的各种理财资讯、产品和工具。读书人文化是一家专业图书策划与出品公司，一直致力于为读者提供幸福生活的知识。从2000年成立至今，读书人文化已在投资理财、文化生活和少儿教育三个领域确立了自己的文化理念和品牌，先后策划出品了"富爸爸穷爸爸"系列、《谁动了我的奶酪》《金字塔原理》《空谷幽兰》《中国的品格》《莲花次第开放》《一心一意来奉茶》《小狗钱钱》《儿童自我成长小百科》等优秀图书。同时，公司也以自身积累的图书和作者等优质文化资源为载体，不断拓展相关衍生产品与服务，如培训讲座、投资工具和影视作品等。读书人文化将秉承"读书人当为天下爱书人服务"的理念，用更多优秀图书和产品，助力读者的财务自由与心灵自由之路。

readers-club

扫码关注读书人俱乐部

获取更多相关资讯

读书人淘宝店

扫码关注读书人淘宝官方品牌店

获取更多优惠信息

图书在版编目（CIP）数据

富爸爸社会企业家/（美）乔希·兰农,（美）莉萨·兰农著；黄延峰译. — 成都：四川人民出版社，2017.10
ISBN 978-7-220-10360-5

Ⅰ.①富… Ⅱ.①乔… ②莉… ③黄… Ⅲ.①企业管理 Ⅳ.① F272

中国版本图书馆 CIP 数据核字（2017）第 230175 号

The Social Capitalist
Copyright © 2012 by JHC International LLC.
This edition published by arrangement with Rich Dad Operating Company, LLC.
版权合同登记号：图进 21-2017-512

FUBABA SHEHUIQIYEJIA
## 富爸爸社会企业家
〔美〕乔希·兰农　〔美〕莉萨·兰农　著　黄延峰　译

| | |
|---|---|
| 责任编辑 | 李淑云 |
| 特约编辑 | 张　芹 |
| 封面设计 | 朱　红 |
| 版式设计 | 乐阅文化 |
| 责任印制 | 聂　敏 |
| 出版发行 | 四川人民出版社　（成都市槐树街2号） |
| 网　　址 | http://www.scpph.com |
| E-mail | scrmcbs@sina.com |
| 新浪微博 | @ 四川人民出版社 |
| 微信公众号 | 四川人民出版社 |
| 发行部业务电话 | （028）86259624　86259453 |
| 防盗版举报电话 | （028）86259624 |
| 照　　排 | 北京乐阅文化有限责任公司 |
| 印　　刷 | 三河市中晟雅豪印务有限公司 |
| 成品尺寸 | 168mm×234mm　1/16 |
| 印　　张 | 12 |
| 字　　数 | 145 千 |
| 版　　次 | 2017 年 10 月第 1 版 |
| 印　　次 | 2017 年 10 月第 1 次印刷 |
| 书　　号 | ISBN 978-7-220-10360-5 |
| 定　　价 | 42.00 元 |

■版权所有·侵权必究
本书若出现印装质量问题，请与我社发行部联系调换
电话：（028）86259453